AF475024

AME DES BÊTES.

On trouve chez le même Libraire, *les Entretiens Philosophiques sur la Religion, par le même Auteur*, 3 vol. *in*-12. br. 6 liv.

AME DES BÊTES.

Par feu M. l'Abé Guidi.

A PARIS,

Chez Moutard, Imprimeur-Libraire de la Reine, de Madame, & de Madame Comteſſe d'Artois, rue des Mathurins, Hôtel de Cluni.

M. DCC. LXXXII.

Avec Approbation & Privilége du Roi.

AVERTISSEMENT

DE L'EDITEUR.

CE petit Traité eſt une ſuite néceſſaire des Entretiens métaphyſiques du même Auteur : il y renvoie même dans le courant du premier Ouvrage, comme à une diſcuſſion qui ne pouvoit être traitée incidemment, & demandoit un entretien particulier pour être approfondie. On y reconnoîtra aiſément la même force de raiſonnement de la part de l'Ecrivain, & ſur-tout ces graces naturelles de ſtyle, & ce ſentiment exquis avec lequel il ſavoit embellir les matieres les plus arides. Quoique le cartésianisme ait passé de mode, & soit rélégué dans l'obscurité de quelques Ecoles, on peut assurer hardiment que ce sujet est traité avec un intérêt qui se soutient dans tout l'Ouvrage, & que les preuves pour & contre l'Ame des Bêtes, sont présentées avec la même impartialité. Cette grande question, dont Dieu s'est réservé le secret, appartient de droit à un Siecle, nommé par excellence le Siecle de la Philosophie; & si les raisonnemens que fait M. l'Abbé Guidi en faveur de son systême, n'entraînent pas la conviction, au moins sont-ils assez pressans pour suspendre le jugement du Lecteur, qui seroit tenté d'accorder aux Bêtes ce que *Descartes* & les plus grands Philosophes de l'Antiquité leur ont constamment refusé. La Religion & les Lettres ont trop d'obligation à M. l'Abbé Guidi, pour ne pas le faire connoître. Peu curieux d'être applaudi, pourvu qu'il fût utile, il vivoit dans une retraite qui n'étoit interrompue que par le commerce de quelques amis. On a donné, il y a quelques mois, une Notice de sa vie & de ses Ouvrages ; & je vais en faire l'extrait, parce qu'elle se trouve dans un Journal que tout le monde n'est pas à portée de se procurer.

M. LOUIS GUIDI étoit né à

Lyon en 1710, d'une famille ancienne en Italie, qui a donné à l'Eglise plusieurs Prélats distingués par leur mérite. Son pere, après avoir obtenu des Lettres de Naturalisation, se dégoûta du séjour de Lyon, se fit recevoir Capitoul de Toulouse, & vint demeurer à Paris. Le jeune Guidi fit successivement ses études chez les PP. de l'Oratoire de *Juilli* & de Beaune. Ses succès dans les Belles-Lettres furent prodigieux. Né avec une imagination vive & féconde, une mémoire heureuse, beaucoup de goût & de jugement, le travail n'étoit pour lui qu'un amusement; & il ne connoissoit d'autre délassement que le changement d'occupation. Des qualités si rares, qui ne sont ordinairement pour la jeunesse qu'une source de dépravation, furent toujours employées par M. Guidi à la gloire de la Religion & des mœurs : il étoit né, pour ainsi dire, vertueux, & ses Supérieurs le citoient à ses camarades comme un modele d'application, de candeur, de modestie, de régularité. Il eut à peine fini ses études à l'âge de seize ans, qu'il entra dans la Congrégation de l'Oratoire, & fut employé à régenter dans différens Colléges. Il remplit cette fonction avec les succès les plus brillans. Plusieurs de ses Eleves, parvenus dans la suite aux premieres places de la Magistrature, ont prouvé, par leur conduite, les bons principes d'éducation qu'ils avoient reçus. Sa facilité incroyable pour écrire, étoit la ressource de beaucoup de ses Confreres, pour lesquels il composoit les pieces qu'exigeoient les circonstances; & malgré la multiplicité des demandes de ce genre, on ne l'a jamais vu s'y refuser : nous pourrions citer d'autres Ouvrages beaucoup plus importans dont on lui est redevable, & dont il laissa tout l'honneur à ceux pour qui il les avoit composés.

Après avoir fait pendant douze ans son occupation principale de la Littérature, le P. Guidi, sollicité par le P. de la *Valette*, alors Général de l'Oratoire, se détermina à entrer dans les Ordres. Dès lors il renonça aux Lettres profanes, pour ne plus s'occuper que de l'étude de la Religion. Possédant l'heureux don de toucher & de persuader, il fit, pendant plusieurs années, à Juilli, les Conférences de piété. Les jeunes gens qu'il instruisoit, n'ont point oublié ses Discours pleins d'onctions, qui les pénétroient & leur faisoient presque toujours répandre des larmes. On l'avoit encore chargé d'un Cours de l'Histoire de France. Il étoit libre aux jeunes gens d'opter entre les leçons & la récréation; mais le P. Guidi mettoit tant d'intérêt dans sa narration, il savoit rendre les événemens senſibles, d'une façon ſi piquante & ſi animée, que c'eût été une eſpece de déshonneur pour un Ecolier de ne pas aſſiſter à ſes leçons ; & l'on n'en vit jamais un ſeul ſe diſpenſer de les écouter.

Après une trentaine d'années employées au ſervice de ſa Congrégation, le P. Guidi ſe crut en droit de demander pour retraite un logement dans la maiſon de Paris, rue Saint-Honoré ; mais la timide politique du P. de la Valette lui fit oublier toutes les obligations qu'il avoit au P. Guidi, & il ne voulut jamais le lui accorder. Juſtement piqué d'un pareil refus, le P. Guidi quitta l'habit de l'Oratoire, & vint demeurer à Paris, où il employa ſon temps à venger, par des Ecrits, la Religion qu'il ne pouvoit plus prêcher. Il étoit, pour ainſi dire, à l'affût de tous les Livres impies, pour en faire la réfutation. Les Ecrits qu'il publia pour les combattre, ſont très-nombreux, & les graces de ſtyle qui les diſtinguent, les faiſoient rechercher même des prétendus Philoſophes, entre autres, de M. de *Voltaire* lui-même, qui, quoique percé des traits de l'Auteur, ne pouvoit s'empêcher de faire l'éloge de ſes talens. Le feu Pape Ganganelli avoit lu la réfutation du *Militaire Philoſophe*, & avoit bien voulu en témoigner de la ſatisfaction à un des neveux de M. l'Abbé Guidi, qui lui avoit présenté cet Ouvrage. *Questo Libro è veramente prezioso*, dit ce Pontife si éclairé & si respectable.

Le plus important des Ouvrages de l'Abbé Guidi, est intitulé, *Entretiens Métaphysiques sur la Religion*, en trois volumes *in*-12 *. En général on est enchanté de cette lecture ; mais il y a des morceaux de la plus grande beauté, & qui couloient de sa plume naturellement & sans effort : on n'a presque jamais vu de rature dans ses manuscrits ; & l'on pourroit citer en preuve un Ouvrage de l'Abbé Guidi, en faveur de la Tolérance, qui eut le succès le plus marqué, & ne

---

* Chez Moutard, Hôtel de Cluni, rue des Mathurins.

lui couta d'autre travail que celui de l'écrire.

Tous ceux qui ont vécu avec M. l'Abbé Guidi, conviennent qu'il n'étoit guere poſſible d'avoir plus de candeur, de modeſtie & d'humilité avec de ſi rares talens. Quelque oppoſé qu'il ſe trouvât de goût ou de façon de penſer avec les perſonnes qu'il étoit obligé de voir, il conſervoit toujours une paix & une douceur inaltérables : il ne connoiſſoit d'autres armes que celles de la Religion, de la raiſon, & quelquefois d'une plaiſanterie innocente & pleine de nobleſſe. Toujours prêt à reconnoître qu'il s'étoit trompé, il prenoit des leçons de perſonnes qui en auroient volontiers reçu de lui : lui ſeul ne ſe doutoit pas de ſon mérite. Il a été enlevé aux Lettres & à la Religion le 7 Janvier 1780.

Multis ille quidem flebilis occidit,
Nulli flebilior quàm mihi......

AME

AME DES BÊTES.

JE me savois bon gré, mon cher Mentor, d'avoir engagé le Marquis dans une question aussi délicate que celle de l'*Ame des Bêtes*. Nos amis la regardent, avec raison, comme une de leurs grandes ressources pour faire naître des doutes & former des contrastes entre les bêtes & les hommes, souvent au désavantage des derniers. Pressé par les raisonnemens du Marquis sur l'immortalité, je saisis avec empressement ce moyen d'échapper, & ne négligeai rien pour le faire valoir. Dès le matin je me rendis dans le cabinet de Villemont, que je trouvai déjà fort occupé ſur ce ſujet avec Baile & Montagne; leur lecture avoit remonté ſon imagination; & le trouvant tout prêt à me ſeconder: M. le Chevalier, lui dis-je, le Marquis triomphe; mais nous avons aujourd'hui le plus beau champ du monde pour prendre notre revanche: il n'a pas craint d'accepter notre défi ſur un ſujet qui, de quelque côté qu'on l'enviſage, eſt propre à le déconcerter. De deux choſes l'une, ou les bêtes ont une ame, ou elles n'en ont pas: nous pouvons ſoutenir, vous le premier de ces ſentimens, & moi l'autre; & cependant conclure l'un & l'autre contre notre immortalité: Vous, en admettant une ame raiſonnable dans les bêtes pour leur donner droit à toutes les prérogatives des hommes, ce que le Marquis ne peut vous accorder ſans ſe jeter dans un nouveau labyrinthe de difficultés; & moi je pourrai, par les ſeuls reſſorts de la mécanique, expliquer les opérations des bêtes, & faire ſentir en même temps que celles des hommes peuvent recevoir la même explication : par-là nous mettrons toujours les hommes & les bêtes au même niveau.

J'y conſens, me dit Villemont ; mais vous connoiſſez les Dames, elles ont une imagination tendre & délicate : la Comteſſe, vous le verrez, rejettera ces deux ſentimens, & ſe déclarera pour celui d'une ame ſenſible & périſſable avec le corps. Je le prévois, lui dis-je. En ce cas, j'embraſſerai ce ſyſtême d'autant plus volontiers, qu'il me conduit plus facilement à mon but : une ame ſenſible & mortelle qui ſuffit dans les bêtes pour leurs mouvemens, peut ſuffire dans les hommes pour leurs opérations. Par-là j'aurai l'avantage, en allant plus ſûrement à mon but, de ménager encore le préjugé que révolte le pur cartéſianiſme.

D'accord ſur le plan que nous ſuivrions, nous travaillâmes pendant la matinée à le remplir, en recueillant diverses idées propres à former, par leur union, un corps de système. Le dîner se passa fort bien. L'air de réflexion que nous portâmes à table, n'empêcha pas notre appétit de s'exercer sur le gibier dont elle étoit couverte. La Comtesse s'en étant apperçue : MM. les Philosophes, dit-elle en riant, vous n'êtes pas gens sans doute à donner des ames aux cailles, aux perdrix; la maniere dont vous les traitez fait bien voir ce que vous en pensez. Pourquoi, Madame, lui dit Villemont? nous suivons l'ordre établi dans la Nature. Le Créateur abandonne les plus foibles aux plus forts. Les gros poissons mangent les petits, les oiseaux vivent de vers & de mouches, & nous, nous vivons des oiseaux. Comme Villemont parloit encore, Scipion (*le Negre de la Comtesse*) vint à marcher par hasard sur la patte de sa chienne : celle-ci jette à l'instant un cri; sa maîtresse en fit autant. Sa colere alloit éclater, lorsque me tournant vers elle : Eh quoi ! Madame, lui dis-je, pour une vile machine inanimée, vous vous emporteriez contre une créature raisonnable, que son ame...... Comment, reprit-elle avec promptitude, ma chienne une machine inanimée ? est-ce qu'elle n'est pas vivante ? Madame, lui dis-je, vivre & mourir ne se disent qu'improprement des arbres, des plantes, des animaux ; vivre, c'est avoir une ame, & la mort n'est autre chose que la séparation de l'ame & du corps ; sans quoi l'on pourroit dire, dans le même sens que des animaux, que ma montre est vivante quand elle va, & qu'elle est morte quand elle n'est pas montée. Je vois bien M. le Président, reprit la Comtesse, que vous badinez. Moi j'aime ma chienne, j'en suis aimée : je crois qu'elle sent de la douleur quand on la frappe ; & c'est me chagriner que de la faire souffrir.

S'appercevant alors que le Marquis la regardoit d'un air de pitié : Cher oncle, dit-elle, vous paroiſſez me plaindre & me regarder comme dans l'aveuglément. Sur ce point, Madame, lui dit le Marquis, une erreur en ce cas ſeroit bien pardonnable; c'eſt une queſtion bien épineuſe que celle des bêtes; plus on y penſe, & plus on s'y perd : les animaux ſont ſans doute de ces ouvrages ſur leſquels le Créateur a mis ſon ſceau, pour s'en réſerver le ſecret à lui ſeul. On ne peut donc avancer ſur un tel ſujet que des hypotheſes, dont la plus vraiſemblable mérite la préférence; mais je penſe que parmi ces nombreux ſyſtêmes que les imaginations des hommes ont enfantés là-deſſus, on ne doit faire aucune attention à ceux qui vont à favoriſer les bêtes aux dépens des hommes, à confondre les uns avec les autres.

C'étoit-là le moment pour nous de rompre le ſilence; auſſi Villemont, prenant la parole : Monsieur, dit-il, j'ai peine à vous passer cette derniere réflexion. Ne seroit-elle pas l'effet d'un ancien préjugé, ou le fruit de notre orgueil ? La distance prodigieuse que nous supposons entre les bêtes & nous, est-elle aussi réelle que notre amour-propre voudroit nous le persuader ? On remarque bien quelque différence entre les bêtes & les hommes ; mais les traits de ressemblance entre eux ne sont-ils pas en plus grand nombre, & plus sensibles ? A ne juger de Badine & de Scipion que sur les apparences, ne seroit-on pas tenté de croire que leur différence ne vient que de la différente disposition de leurs organes ; en sorte que si l'on pouvoit faire entre eux un échange des principes d'être qui les animent, leurs opérations seroient les mêmes ; & donnant une ame à l'un, pourquoi n'en pas supposer une dans l'autre ? Une ame dans les bêtes ! s'écria la Comtesse : Messieurs, M. le Chevalier paroît aimer les opinions étranges : qu'elles ſoient contradictoires ou non, n'importe, pourvu qu'elles ſoient ſingulieres. Dans notre premiere converſation, Monſieur ſoutenoit que les hommes n'ont point d'ames, qu'ils ne ſont que matiere, que la matiere peut penſer; il prétend aujourd'hui que les bêtes ont des ames, & penſent ainſi que les hommes........ Courage, Monſieur, continuez de défendre la cauſe de Badine ; elle me paroît être en bonnes mains.

Piqué de cette ironie, Madame, lui répliqua Villemont, ſi la contradiction que vous appercevez eſt ſenſible, elle pourroit m'être favorable : je ne puis être vaincu ſur le dernier point, ſans être en droit de revenir ſur le premier. Car enfin, pourrai-je dire, ſi les bêtes n'ont point d'ames, & qu'elles paroiſſent en avoir, n'en ſeroit-il pas de même des hommes ? ainſi je cours peu de riſques en ſuivant mon idée Voyez,

Monsieur, dit-il au Marquis, si mon hypothese sur l'ame des bêtes est la moins vraisemblable ; mais on n'en peut juger qu'après m'avoir permis de la développer toute entiere.

L'Être infini possede seul la plénitude de la vie. En formant l'Univers, il en anima les parties par des semences de vie qu'il répandit dans tous les êtres. Tout ce qui vit dans la Nature, ne reçoit de vie que de Dieu. La source est la même, & les ruisseaux qui s'en écoulent ne different entre eux que par leur plus ou moins grande abondance. Les diverses destinations des êtres demandoient de la diversité dans leur partage ; aussi le Créateur, pour ménager leur concours au bien général, proportionne, par son souffle divin, la mesure de vie qu'il communique aux besoins que les êtres en ont pour arriver à leur fin ; mais depuis le ver de terre jusqu'au plus parfait des Anges, on pourroit remonter par des degrés sans nombre, qui font, en rempliſſant ce prodigieux intervalle, le même effet que les nuances dans la peinture : le point où l'obſcur ceſſe & le clair commence, eſt imperceptible. Les germes de vie ſont donc les mêmes dans les créatures animées; mais quoique des ſemences ſe reſſemblent, leur fécondité cependant dépend des diſpoſitions des terres qui ſont différentes. Les corps des animaux ſont ces différentes terres. L'arrangement de leurs parties, la délicateſſe ou la groſſiéreté de leurs organes, ſont propres à faciliter ou à ralentir l'activité de ce principe vivifiant caché dans leur ſein. L'Univers eſt comme un grand jeu d'orgues : le vent eſt habilement diſtribué dans les tuyaux grands & petits; c'eſt le même vent dans tous; mais les tuyaux ſont différens : auſſi, quelle diverſité dans les ſons! & de cette variété de ſons réſulte, en fait d'harmonie, un tout qui enchante & ravit d'admiration.

Ce principe eſt comme une clef qui

m'ouvre le sanctuaire de la Nature : du fond de ce sanctuaire part un souffle fécond, qui porte la vie dans les êtres disposés à la recevoir, & qui la modifie selon leurs dispositions; en sorte que la même portion de vie qui fait nager le poisson, feroit voler l'oiseau, courir le chien, gambader le singe, marcher l'homme, & ramper le vermisseau : la différente structure des corps cause des mouvemens différens......... Vous m'attendez, je le vois bien, à l'explication des phénomenes de l'intelligence. Je ne désavouerai point ici mon embarras; mais si j'avois les mêmes connoissances de l'Anatomie que le Créateur; si j'étois en état de faire de tous les organes possibles toutes les analyses dont ils sont susceptibles; si j'avois approfondi tous les effets que peuvent produire les mélanges infiniment variés de la bile avec le sang, les phlegmes avec les sels, des acides & des alkalis : je pourrois sans doute vous expliquer comment la même étincelle de vie qui eſt un principe d'induſtrie dans l'abeille, de fidélité dans le chien, de prudence dans la fourmi, auroit pu devenir la ſource, dans Demoſthene, d'une éloquence paſſionnée, & dans Buffon, de mille ſubtils raiſonnemens, mais au deſſous de ces connoiſſances qui n'appartiennent qu'à l'Intellect infini : la Nature ne paroît-elle pas ſuppléer par les images ſenſibles qu'elle nous préſente? Pourquoi des rapports ſi marqués entre les opérations des hommes & celles des bêtes? & ne remarquons-nous pas que ces rapports ſont d'autant plus fideles, que la conformité entre les organes eſt plus parfaite, & que la différence au contraire de ceux-ci, plus ou moins grande, en entraîne plus ou moins dans les autres? Je conviens qu'on pourroit ſuſpendre ſon jugement, ſi les traits de reſſemblance entre l'homme & la bête n'étoient qu'en petit nombre; mais en quoi n'en remarque-t-on pas? Même paſſion dans l'un & l'autre; même induſtrie, même apparence de crainte, de joie, de douleur, de déſir, de raiſonnement. En quoi ſur-tout admire-t-on l'induſtrie & la raiſon des hommes? dans les édifices qu'ils conſtruiſent pour ſe garantir des injures de l'air; dans la ſymétrie, dont ils obſervent les regles; dans les tiſſus de laine & de ſoie, dont ils ſe forment des vêtemens; dans les remedes qu'ils ſe procurent, s'ils ſont malades; dans les précautions qu'ils prennent en ſanté, pour ne pas le devenir; dans la juſteſſe de leurs meſures, qu'ils doivent à la Géométrie..... On conclut de tout cela, que les hommes ont de l'intelligence; d'accord: mais, où je vois les mêmes effets, ne puis-je pas ſuppoſer la même cauſe, ſur-tout quand elle eſt inviſible, de l'aveu de tout le monde? Or, en fait de Géométrie, quelle marque de connoiſſance ne donnent pas les grues? Ces oiſeaux, pour paſſer dans des climats plus chauds, veulent-ils faire le trajet des mers? avec quelle justesse ils forment, en s'unissant, un triangle équilatéral, dont le sommet fend l'air, & la base est poussée par les vents! de plus, ne trouve-t-on pas des républiques de géometres dans les abeilles, d'architectes dans les hirondelles, de maçons dans les castors, d'économes intelligens dans les fourmis? L'art d'ourdir la toile, c'est à l'araignée qu'on le doit; dans celui de tendre un piége, quel plus grand maître que le renard? En fait de logique, en est-il une plus exacte que celle des abeilles? Un limaçon se glisse dans leur ruche; l'en chasser, disent-elles, cela n'est pas possible; l'y laisser, il nous infectera. Comment faire? Il faut l'embaumer & le couvrir d'un mastic qui nous garantisse de tout inconvénient. Peut-on mieux raisonner? Quelle physique dans ce chien, qui, pressé par la soif, & ne pouvant atteindre à de l'eau trop basse dans une cruche, la remplit de pierres, jusqu'à ce que l'eau fut à sa portée. Tout s'est fait pour moi, dit l'homme : mais c'est peut-être aussi ce que dit le canard dans la basse-cour. C'est pour moi que le soleil répand sa lumiere, que la terre est féconde, & même que l'homme est formé.

Voyez à me servir combien l'homme s'empresse!
Dit ce vil animal qu'avec soin l'on engraisse.

Mais les hommes, direz-vous, forment de grandes entreprises, qui sont conçues avec habileté, conduites avec politique, soutenues avec constance, exercées avec adresse : & quoi de plus commun parmi les animaux? D'une foule de traits que je pourrois citer, je n'en choisis qu'un, que le Cardinal de Polignac a embelli de toutes les couleurs de la Poésie dans son Anti-Lucrece. Le plaisir que j'eus en le lisant, me détermina à en essayer la traduction en vers françois. Je crois que je pourrai me les rappeler; &, quoiqu'inférieurs en tout aux originaux, je les citerai plus volontiers en faveur du Maître.

Un jour un gros Milan, grand chasseur, vrai corsaire,
Las de faire la guerre aux timides oiseaux,
Résolut, en bravant un plus digne adversaire,
De s'illustrer par des exploits nouveaux.
Il voit un Aigle; il vole, il l'attaque, il l'agace,
Tantôt à coup de bec & tantôt par ses cris.
D'un si foible rival, la téméraire audace
Ne s'attire d'abord qu'un regard de mépris.
Il revient à la charge, il arrache une plume,
L'emporte en triomphant, & tranche du vainqueur:
Alors du Roi des airs la colere s'allume;
Il fond sur le Milan, le saisit. Sa fureur
Veut sa mort; mais il craint qu'un sang vil ne le souille.
Que fait-il? s'en railler est plus d'un Souverain;
De ses plumes il le dépouille;
Et nu sur un rocher le jette avec dédain.
Honteux, transi de froid, sans force, sans défense,
Que deviendra l'infortuné Milan?
Mourir? non, c'est foiblesse: il pense à la vengeance.

Quel vain projet ! n'importe ; il en forme le
plan.
Le souvenir de la cruelle injure
Fortifie un espoir si doux.
De quelques vers qu'il trouve, il fait sa nourriture,
Et sent avec sa force augmenter son courroux.
Des plumes, le temps seul peut réparer la perte ;
Il les attend, & n'attend pas en vain.
Peut-il voler ? il vole.... & fait la découverte
D'un moyen qui pouvoit le conduire à sa fin.
Il voit de vieux débris, restes d'un pont antique
Ruiné par les ans & miné par les eaux.
Au milieu s'offre un trou, que l'oiseau politique
Choisit pour se venger & tendre ses panneaux.
Ruse ou force, qu'importe ; il s'approche & mesure
Son corps à la grandeur du trou.
Il remarque qu'il peut passer par l'ouverture.
Il s'essaye, & d'abord passe en baissant le cou.
Il sort, rentre, revient, passe encor ; bagatelle.
Il recommence, & réussit au mieux ;
Puis passe en voltigeant, & puis à tire d'aile :
La passion le rend constant, industrieux.
Sûr du succès, il prend l'essor le plus rapide,
Cherche, trouve, & bientôt affronte son vainqueur.
Nouveau crime : indigné de son air intrépide,

L'Aigle va, par ſon ſang, punir ſa folle ardeur :
Il prend ſon vol & part.... Déjà d'un vol agile
L'ingénieux Milan fend les plaines de l'air ;
Il fuit & gagne ſon aſile.
L'Aigle craint qu'il n'échappe ; & plus prompt qu'un éclair,
Par le même chemin fend & ſe précipite :
Il entre ; mais ſerré dans ce paſſage étroit ;
En vain pour avancer ou ſortir il s'excite :
Il reſte là captif. Le Milan reparoît ;
Dans ſon ardeur brille la joie.
Pour goûter ſa vengeance, il la prend lentement ;
Il arrache à ſon tour les plumes de ſa proie,
Et ſe retire en l'inſultant.

La Comteſſe parut fort contente de ces vers, & pria le Chevalier de lui en donner une copie. Il m'en á remis une, que je tranſcris pour vous, ſans croire cependant vous faire un grand cadeau.

Or, dans cette entrepriſe, reprit Villemont, quelle variété de vûes ! quel enchaînement de réflexions ! quel tiſſu de raiſonnemens !

Je conviendrai cependant qu'on remarque des différences entre les hommes & les animaux, à l'avantage des premiers; mais n'en remarque-t-on pas encore à leur désavantage? De plus, ces différences ne viennent-elles pas uniquement de la diversité de leurs corps? Pourquoi cette eau, qui forme ici cette belle cascade, va-t-elle en tombant, tandis que cette autre, qui jaillit dans le bassin, monte & s'éleve? Sont-ce des eaux différentes? Non, cela ne vient que de la différente configuration des canaux. Les corps des hommes sont plus parfaits, & leurs organes plus déliés; aussi les fonctions de leurs ames ont-elles plus de liberté, & leurs ressorts plus de jeu. Ce même feu qui dans le bois mort est sans flamme, sans activité dans le bois humide, sans chaleur dans du liége ou des feuilles; transportez-le dans un bois sec, comme il échauffe! dans du sarment, comme il pétille! dans de l'esprit-de-vin, comme il s'enflamme! dans de la poudre & du salpêtre, quel bruit! quel fracas! Cette comparaiſon ne marque-t-elle pas bien les différences de l'huître au brochet, du brochet au ſinge, du ſinge au Villageois, du Villageois groſſier au brillant Académicien, & de celui-ci à l'impétueux Conquérant? Je vais plus loin: ſi la prééminence des hommes ſur les bêtes eſt caractériſée par des traits bien vifs, c'eſt par ceux de la vertu. Or, n'appartient-il qu'aux hommes d'aimer la juſtice, de rechercher la gloire, d'être complaiſans, généreux, reconnoiſſans? Quel zele pour la gloire dans cet éléphant, qui, placé d'abord à la tête des autres, & mis enſuite au dernier rang, devint triſte, malade, & mourut de chagrin! Quelle connoiſſance de la juſtice dans cet autre à qui ſon Gouverneur déroboit chaque jour la moitié de la nourriture qui lui étoit due! le Maître vient: que fait l'éléphant? Il partage, avec ſa trompe, la meſure d'orge qu'on lui préſente; &, par un regard de colere lancé ſur le Gouverneur, fait sentir au Maître, avec un frémissement d'indignation, le tort qu'on lui faisoit (N'est-ce pas là crier *au voleur! au voleur!*). Pour la compassion, la plupart des Naturalistes rapportent que les cicognes, les aigles, les hérons prennent soin de leurs peres dans la vieillesse, qu'ils les réchauffent & les nourrissent. Quelle fidélité dans ces chiens, dans ces dauphins, qui, voyant leur Maître sans vie, ont mieux aimé mourir à ses pieds que de lui survivre! Quelle générosité dans cet éléphant, qui, voyant un de ses camarades dans une fosse profonde, en assemble plusieurs, &, par leur secours, jette dans l'abîme assez de branches & de pierres pour aider l'autre à s'en tirer! Enfin, personne n'ignore, en fait de reconnoissance, un fait qui paroît bien avéré, celui d'un lion qui reconnut, dans un Esclave Chrétien qu'on lui présentoit à dévorer, un bienfaiteur, un ami, qui lui avoit autrefois tiré une épine de la patte, & aux pieds duquel il se prosterna pour les lécher. De tels exemples, qui font admirer une ame dans les hommes, ne prouveront-ils rien dans les bêtes? Pour moi, je l'avoue, où je remarque les traits de la raison, je suis tenté d'en admettre le principe. La conformité de tel homme à tel autre paroît souvent moindre que de telle bête à tel homme. Pourquoi donc ne pas fonder la raison de leur différence sur la variété de leurs organes? L'hypothese du moins n'a rien d'absurde. Le Créateur n'a-t-il pas pu joindre aussi facilement une intelligence au corps d'un cheval, qu'à celui de Platon? A la possibilité du systême, se joint la présomption. Si ces apparences suffisent pour décider, c'est pour mon opinion qu'elles sont décisives. Me voilà donc en droit de conclure que si l'on doit donner le nom d'*Ame* à cet agent invisible qui met l'homme en mouvement, on peut aussi le donner à ce moteur secret qui anime les bêtes, & que les uns & les autres ont un égal droit au privilége de l'immortalité.

Pendant que Villemont parloit, la Comteſſe marquoit beaucoup d'attention, & le Marquis très-peu. Je prenois celle de la Comteſſe pour un gage d'approbation qu'elle donnoit d'avance. Point du tout. Après quelques éclats de rire : Un moment, dit-elle, M. de Villemont ; vous avez manqué votre vocation : je ne crois pas que jamais perſonne, à la foire Saint-Germain, ait montré plus de talent pour amuſer par un pompeux galimatias. Des principes de vie, des ruiſſeaux de vie, des écoulemens de l'Être infini, des germes féconds, ſoufflés dans les êtres, des ſemences de vie dans le ſanctuaire de la Nature !...... Où donc, s'il vous plaît, avez-vous pris une philoſophie auſſi lumineuſe ? A tout cela vous ajoutez des hiſtoires fort amuſantes, mais au moins apochryphes, des comparaiſons ingénieuſes, mais qui ne prouvent rien. Il me paroît que vous avez bien de l'obligation à M. le Président.

A moi, Madame? lui dis-je sur le champ; c'est plutôt à M. le Chevalier que vous en avez beaucoup : s'il a si bien plaidé la cause de *Badine*, c'est sans doute pour faire sa cour à la Maîtresse.

La Comtesse. C'est fort mal me la faire, Monsieur, que de chercher tant de ressemblance entre ma chienne & moi : je m'estime trop, & ma chienne trop peu, pour être flattée de la conformité, ou même pour ne pas être blessée de la comparaison. Madame, je n'ai pas prétendu la faire, reprit Villemont : au reste, ce n'est pas le personnage de Courtisan qu'il s'agit de faire ici, mais celui de Philosophe; & je ne crois pas Montagne méprisable pour avoir douté, quand il badinoit avec sa chatte, si c'étoit lui qui se jouoit de sa chatte, ou sa chatte de lui.

Pour moi, Monsieur, répliqua la Comtesse,

Comtesse, je ne pousse pas si loin l'indulgence. Un pareil doute, s'il étoit sérieux, me donneroit de Montagne une très-mauvaise idée. Comment mettre l'Homme & la Bête dans la même balance, & la trouver en équilibre ? c'est, ce me semble, réfuter une telle opinion que de l'exposer.

Quelquefois, Madame, reprit Villemont, la prévention nous séduit. Il n'est pas de plus grand ennemi de la raison que le préjugé, ni de plus sûr guide de la vérité que le raisonnement.

Oui, Monsieur, répliqua la Comtesse d'un air un peu piqué. Mais faut-il tant raisonner pour réfuter votre système? Ai-je besoin, pour cela, de recourir aux sublimités d'une métaphysique abstraite? Non : ces mysteres me passent, & je m'en tiens au témoignage de mes sens. Voici ce que j'ai vu. M. le Président étoit ici l'année derniere. Il prit un ver de terre, long d'environ un demi-pied ; après l'avoir coupé en deux, il mit la partie de la tête dans un vaſe plein de terre, où elle s'enfonça & vécut vingt-un jours ; & dans un autre vaſe le côté de la queue, qui reſta exposée à l'air ſaine & vive durant quatre-vingt-douze jours, & ne mourut encore qu'après une maladie de huit jours. C'eſt un fait, Madame, lui dis-je, dont on ne peut douter. Hé bien, Monſieur le Chevalier, reprit-elle, dites-moi, je vous prie, dans laquelle de ces deux parties placez-vous l'ame de ce ver?..... Vous balancez. Eh! que répondriez-vous donc à mille autres expériences dont on m'a parlé, & qu'ont faites MM. de Beaumont & du Tremblay? Ils ont coupé des polypes en douze tronçons, dont chacun étoit vivant, & devenoit un polype parfait : direz-vous que chacun recevoit un douzieme de l'ame commune au tout? En ce cas, les ames des Bêtes ne ſont donc pas, comme les nôtres, indiviſibles? Direz-vous que la premiere ame reſte à l'une des parties, & que Dieu en crée onze pour les autres ? Mais quel garant m'en donnerez-vous. Sa puiſſance, Madame, lui dit Villemont : Mais, Monſieur, reprit la Comteſſe, ce n'eſt pas le moyen de convaincre, que de ne raiſonner jamais que ſur des peut-être. La puiſſance divine, c'eſt de tous les reſſorts le premier, j'en conviens, pour le ſuccès dans l'exécution ; mais c'eſt le dernier, ce me ſemble, à mettre en mouvement dans la Philoſophie ; & je ne vois pas que, pour rendre compte des mouvemens d'un inſecte, on ſoit forcé de lui donner une ame libre, immortelle, ſemblable à celle des hommes. Pourquoi multiplier à l'infini des créations qui ſont inutiles ? De plus, une ame telle que la nôtre, dans un moucheron, me paroîtroit figurer aſſez mal. Elle connoîtroit donc le bien & le mal, le vice & la vertu ? & pourroit-on, ſans injuſtice, l'exclure d'une éternelle vie, ou l'y admettre ſans répugnance? Votre systême, Monsieur, ne gagneroit pas beaucoup à être approfondi. Chaque nouvelle réflexion y découvre un nouvel inconvénient. Comme la Comtesse me paroissoit ne pas ménager Villemont, & que celui-ci n'étoit occupé que de sa difficulté, j'essayai de faire diversion par une ironie, que j'adressai à la Comtesse. Madame, lui dis-je, vous avez bien raison : l'opinion de M. le Chevalier n'est pas soutenable. Non, Madame, les animaux n'ont point d'ame; ils ne raisonnent pas plus que mon corps qui n'est assurément qu'une machine. Cette chienne, que vous voyez sur les genoux de Madame, n'est qu'un automate insensible, qui n'a ni raison, ni connoissance, ni réflexion. Elle a des yeux, mais sans voir; elle a des oreilles, mais sans entendre; elle se meut au moindre signe de sa Maîtresse, sans discernement; elle en exécute les ordres sans les connoître; elle caresse sans aimer; elle fuit le bâton, sans le craindre ; on peut la frapper, mais sans lui faire aucune douleur ; elle gémiroit sans souffrir ; elle suit sa Maîtresse, & n'a de la fidélité que les apparences.

Cette raillerie produisit tout l'effet que j'en attendois ; le dépit de la Comtesse paroissoit dans ses yeux. Je le vois bien, M. le Président, dit-elle, c'est pure malice dans vous ; mais je n'en serai pas la dupe. Comment, Madame, lui dis-je, vous n'êtes pas de mon avis ? Quoi donc, si l'on soutient que les Bêtes ont des ames, vous vous retirez ! si l'on prétend qu'elles n'en ont pas, nouvelles plaintes ! c'est cependant l'un ou l'autre. Ni l'un ni l'autre, Monsieur, reprit-elle : ce sont deux opinions qui révoltent également ; l'une, en érigeant les Bêtes en créatures raisonnables ; & l'autre, en en faisant de pures machines. Mais, Madame, que prétendez-vous donc en faire ? Moi ! je ne sais, dit-elle d'un air embarrassé. Ne pourroit-on pas trouver un milieu ? Pourquoi ne pas admettre dans les Bêtes un agent caché, qui ne feroit ni corps ni efprit; une efpece d'ame fenfible, fans être intelligente, qui pourroit connoître, mais non pas raifonner, qui n'auroit ni l'étendue de la matiere, ni l'immortalité des ames? Mais qui pourroit...... Que fais-je fi Dieu ne peut pas faire quelque fubftance qui ne foit ni efprit ni machine?

Cette idée de la Comteffe réveilla le Marquis, tout abforbé jufqu'alors dans fes réflexions. Il parut fortir d'une profonde rêverie, & fur le point de prendre la parole; mais, fans lui en donner le temps : Madame, dis-je à la Comteffe, votre idée ouvre devant nous une nouvelle carriere dans laquelle j'entrerai volontiers. Il me femble que le premier coup-d'œil y découvre des avantages qu'il feroit facile de développer; & fi M. le Marquis veut m'en permettre l'effai, je me flatte qu'il n'en défapprouvera pas l'exécution. Le Marquis m'ayant témoigné, d'un air obligeant, qu'il m'écouteroit avec plaisir! Il me paroît, dis-je alors, qu'un des caracteres de la puissance de Dieu doit se tirer de la variété de ses ouvrages. Cette variété, dans le monde matériel, va jusqu'à l'infini. Les élémens ne sont que de la matiere; mais quelle différence entre l'air, la terre, le feu & l'eau! quelle différence entre les plantes & les minéraux, entre les corps des Bêtes, les visages des hommes, les sons de leurs voix.....! Ce seroit se perdre dans l'infini, que de vouloir embrasser toutes les combinaisons dont la matiere est susceptible. Elle peut, sous les doigts du Créateur, recevoir dans ses parties une infinité d'arrangemens : il semble même que la Toute-puissance ait épuisé cet infini. De ce monde matériel & sensible, transportons-nous à présent dans le monde des Intelligences. Pourquoi n'y pas admettre une variété poussée de même jusqu'à l'infini? Ne peut-il pas y avoir entre les Esprits des classes différentes & aussi multipliées que le peuvent être les combinaisons des lettres de l'alphabet? La Religion même ne semble-t-elle pas favoriser cette idée? Ne place-t-elle pas autour du trône de Dieu, d'abord les Esprits sublimes, qui participent le plus à la Divinité; au dessous, d'autres Esprits, d'un ordre inférieur, qui différent encore entre eux; & ceux enfin qui sont dans la plus grande distance de cette lumiere inaccessible qu'habite le Très-Haut, quoiqu'infiniment éloignés des premieres Intelligences, le sont cependant encore infiniment de la matiere?

Dans cette multitude d'Intelligences, le Souverain Maître en a destiné un grand nombre pour vivre dégagées de la matiere, & d'autres pour lui être unies. Les premieres, qui n'en ont que plus d'activité, & qui nous sont fort inconnues, sont peut-être préposées par le grand Roi pour gouverner ces vastes spheres qui roulent sur nos têtes; &

celles-là ſans doute ſont immortelles. Mais ſi du haut de ces ſpheres, nous deſcendons ſur le petit globe que nous habitons, nous y trouvons que les Intelligences des dernieres claſſes y ſont ſemées avec profuſion, mais toutes unies ſi étroitement à des corps, que le point d'union eſt inviſible. Leur dépendance des ſens les matérialiſe en quelque ſorte, & la différente configuration des organes fait toute la différence de leurs opérations.

Or, pour ſuivre l'ouverture que Madame nous a donnée, pourquoi ne pas admettre dans les Bêtes une de ces Intelligences du dernier ordre, ſubſtance ſans parties, & qui ſeroit le principe de leurs mouvemens, ame ſenſitive, mais mortelle, qui connoîtroit ſans pouvoir raiſonner, capable d'agir, mais non de délibérer, ou qui même, ſelon la délicateſſe ou la groſſiéreté des organes, pourroit recevoir des connoiſſances plus ou moins développées, & paroîtroit agir avec plus ou moins de choix ?

A ce principe permettez-moi d'ajouter une supposition qui ne servira qu'à éclaircir. Je suppose qu'il n'y ait qu'un seul homme sur la Terre. Cet homme ne voit dans l'Univers que de la matiere, ni dans la matiere que l'étendue de ses parties & leurs divers arrangemens; il sent bien qu'elle peut recevoir du mouvement, mais qu'elle est incapable de s'en donner. Il marche, & en marchant il remarque que son corps est mu par un principe secret qui l'anime. En vain cherche-t-il de pénétrer jusqu'à ce principe; plusieurs objets qui se présentent pour la premiere fois à ses yeux, donnent lieu à diverses réflexions. D'abord il apperçoit une troupe de cerfs; il s'avance, & les poursuit. Ces timides animaux prennent la fuite & disparoissent. Eh! dit-il, voilà de la matiere dans un grand mouvement! il y a sans doute dans elle un principe moteur qui la détermine à s'éloigner de moi. Plus loin, nouveau sujet d'étonnement. Cet homme voit des chiens, mais qui viennent à lui, qui le caressent avec leurs queues, & le flattent en le léchant. Ces corps, dit-il, sont différens des premiers, mais le principe qui les pousse & les agite pourroit être de même nature. Bientôt nouveau spectacle. Il voit des singes, & leur jette quelques pierres; ces singes en jettent à leur tour. Notre solitaire vient à bout d'en tuer un; il s'approche : Voilà, dit-il, un corps qui étoit en mouvement, & qui n'y est plus! ses organes sont dérangés : mais qu'est devenu le principe qui lui communiquoit son mouvement? Il cesse d'agir sur lui; ne cesseroit-il pas d'exister? En revenant là-dessus, il continue son chemin, & découvre d'autres objets plus dignes de son attention. Il apperçoit à sa droite un enfant qui pleure, à sa gauche un jeune homme qui extravague; plus loin, un vieillard qui radote..... Comme j'allois continuer ce raisonnement : Oh! pour le coup,

M. le Philosophe, dit la Comtesse ; c'est ici que je vous arrête : ce n'est plus mon idée que vous développez...... Non, Madame, mais c'est une conséquence...... Très-peu juste, reprit-elle. Vous-même, vous avez distingué plusieurs ordres d'ames ou d'intelligences : placez, à la bonne heure, dans les Bêtes une ame sensitive & mortelle ; mais celle qui nous anime sera, s'il vous plaît, d'une autre classe. J'y consens, Madame, lui dis-je ; mais les singes & les chiens ne demanderoient-ils pas à être placés dans une autre classe que les ânes & les dindons ?

La Comtesse alloit répliquer, lorsque Villemont, toujours occupé de l'objection qui lui avoit fermé la bouche, se tournant vers elle : Madame, dit-il, je pourrois, ce me semble, terminer votre différend en usant de représailles. Vous avez prétendu renverser mon systême par la difficulté tirée des insectes vivans dans différentes parties d'eux-mêmes ;

ne détruiroit-elle pas aussi le vôtre? Cette ame sensitive, substance mitoyenne entre l'esprit & le corps, mais qu'apparemment vous admettez unique & indivisible dans chaque animal, comment se reproduit-elle dans douze tronçons du polype dont vous nous avez parlé? Aurez-vous recours à de nouvelles réactions? Y a-t-il une douzaine d'ames qui attendent les mouvemens du couteau pour se loger au gré de nos fantaisies dans les douze parties du corps de l'insecte? Vous ne le croiriez pas, mon cher Mentor.

Cette difficulté, qui paroît frivole, nous arrêta tout court, la Comtesse & moi : nous restâmes comme immobiles, sans répliquer. Le Marquis, dont l'œil étudioit notre conférence, paroissoit jouir à son aise du plaisir de notre embarras, lorsqu'enfin, rompant le silence d'un air triomphant : Voilà donc, dit-il, Messieurs, à quoi se terminent tous vos efforts d'imagination ſur la queſtion des Bêtes, à vous regarder avec ſurpriſe, ſans avoir éclairci leur état plus qu'auparavant? Vous, M. le Chevalier, vous voulez donner aux Bêtes des ames immortelles, comme celles des hommes; vous, Madame, vous ne voulez donner aux hommes que des ames mortelles, comme celles des Bêtes: vous, Madame, vous n'admettez dans elles que des connoiſſances ſans réflexions, & des ſentimens ſans liberté: pour moi, j'admire votre ſimplicité. Je la comparerois volontiers à celle de ces bons Suiſſes, qui, voyant, pour la premiere fois, danſer des marionnettes, aſſuroient que quelque Eſprit inviſible étoit caché dans ces machines pour les faire mouvoir, & même en taxoient l'invention de ſortilége. Comme nous le regardions avec ſurpriſe: Oui, ajouta-t il, telle eſt mon idée. Le ſpectacle que nous donnent les animaux, n'eſt autre qu'un ſpectacle de marionnettes, & tout ce qu'on fait dans la mécanique avec les leviers, les poulies, les balanciers, les ſoupapes, &c. je le dis hardiment, Madame, tout cela ſe paſſe dans votre *Badine*, par le moyen des os, des nerfs, des muſcles, des tendons, des valvules, &c. Ce que M. le Préſident me diſoit tout à l'heure me paroît de tous les ſyſtêmes le plus vraiſemblable.

C'étoit-là, comme vous le voyez, mon cher Mentor, lever l'étendard du Cartéſianiſme. La réponſe de la Comteſſe & la mienne étoient toutes prêtes, lorſque Villemont voulut en donner une, qui, en parlant aux yeux, fît plus d'impreſſion. Il ſe leve, prend la chienne de la Comteſſe, & l'ayant miſe au milieu de la ſalle, la tête tournée de ſon côté : M. le Marquis, dit-il, appelons-la l'un & l'autre, & que Madame ſeulement lui faſſe un ſigne..... Voyez, la voilà déjà partie. Ah ! Madame, dit-il en raillant, vous cachez apparemment dans votre main le reſſort qui fait tourner & courir cette machine vers vous : Que Madame, ajouta-t-il, prenne sa canne & sa coiffe, vous verrez *Badine* sauter de joie, & de la joie passer à la tristesse, si sa Maîtresse lui ordonne de rester : en un mot, toutes les marques de sentiment & d'intelligence que l'homme peut donner, cette chienne les donne ; il ne lui manque que la parole, & vous voulez nous persuader, Monsieur, que ce n'est qu'un automate insensible?

Cher Chevalier, lui dit le Marquis, souffrez que je vous rappelle une excellente maxime que vous avez plus d'une fois avancée ; c'est que la bonne Philosophie doit nous tenir en garde contre la voix des préjugés & le témoignage des sens. Vous souvient-il d'une partie que nous fîmes, il y a quelques années, avec Madame, lorsque nous fûmes à l'Hôtel de Longueville voir l'admirable machine de M. de Vaucanson ? Madame avoit avec elle son Negre nouvellement débarqué. Lorsque le flatteur automate vint à jouer ces airs de rossignols & d'écho si difficiles, nous ne pûmes nous empêcher de témoigner de l'admiration. Scipion seul se moquoit de notre simplicité, assurant qu'il y avoit un homme caché qui jouoit. Il le chercha, sans le trouver, & prétendit qu'il étoit dans le corps de la machine; il fallut l'ouvrir, pour le désabuser. Voilà ce qui se passe ici. J'admire plus que vous les opérations des Bêtes; vous vous moquez, dites-vous? elles ont des ames, qui, cachées dans leur sein, reglent tous leurs mouvemens: point du tout, vous dis-je, elles n'en ont pas; ce sont de pures machines. Séduit par les apparences, vous vous obstinez à ne juger que sur leurs impressions. Il faut donc, pour vous tirer d'erreur, ouvrir le corps de la machine. Mais comme il n'a pas été nécessaire, pour que Scipion reconnût sa méprise, qu'on lui expliquât l'action de tous les soufflets, les variations du vent dans les tuyaux, les divers jeux du cylindre, les effets des balanciers, tous les mouvemens des roues; de même vous n'exigez pas ſans doute que j'entre dans le détail de tous les inſtrumens dont la Nature fait uſage pour ménager dans les Bêtes les diverſes opérations dont nous ſommes témoins. Si je les explique ſans recourir à des ames, & que je réponde à toutes les difficultés qu'on peut faire là-deſſus, ſans qu'on puiſſe répondre à celles que je propoſerai contre les autres ſyſtêmes....... Aſſurément, dit la Comteſſe, on ne peut pas exiger davantage. Mais, cher oncle, quelle différence entre le flatteur automate & un chien! Oui, Madame, reprit le Marquis; mais quelle différence entre leurs Ouvriers! & ſi les inſtrumens des hommes font des ouvrages dignes de notre admiration, aura-t-on de la peine à croire que celui qui a donné l'exiſtence à la matiere, en puiſſe former une machine dont les mouvemens pour nous ſont incompréhenſibles? Mais le ſont-ils en effet? & ſans vouloir pénétrer, pour ainſi dire, dans le laboratoire du Créateur, ne trouvons-nous pas dans nos corps la ſolution de preſque tous les problêmes que fourniſſent les animaux? Quelques principes ſont ici néceſſaires : commençons par les établir; je crois qu'on ne me les conteſtera pas.

Premier principe. Quoique nous ſoyons compoſés d'un corps & d'une ame, cependant le corps ſeul fait dans nous un nombre prodigieux de mouvemens, auxquels l'ame ne prend aucune part. Qu'on tire ſubitement un coup de piſtolet, tout notre corps friſſonne. Qu'un ami paſſe rapidement ſa main devant nos yeux, nous les fermons. Que notre pied vienne à gliſſer, ou nous nous balançons pour ne pas tomber, ou, ſi nous tombons, nos mains ſe préſentent les premieres, notre tête ſe retire; & tout ce que l'équilibre peut ôter de violence à notre chute, nous l'employons. Tous ces mouvemens dans nous ne viennent que de la machine : la réflexion, loin de les opérer, souvent les retarde ou les dérange. Ainsi, l'action de l'ame n'est point nécessaire à la plupart des opérations du corps.

Second principe. Outre ces mouvemens extérieurs & sensibles, il s'en passe d'autres dans le corps, dont l'ame, loin d'en être la cause, n'a seulement pas connoissance ; le cours du sang dans les veines, & des esprits dans les nerfs, les battemens dans le cœur, la digestion dans l'estomac, &c. ; mais les plus remarquables, & sans doute les moins connus, se passent dans le cerveau. Oui, le cerveau est un prodige de mécanisme : la délicatesse de l'organisation y signale en quelque sorte l'industrie du Créateur. Son grand art consiste en ce qu'il a su ménager dans cette partie une foule d'impressions qui s'y varient & s'y modifient à l'infini ; de telle sorte, que ces variations si multipliées en occasionnent d'autres étonnantes dans les différentes pieces de la machine. Comment arrive-t-il que nos membres se plient & s'étendent, se prêtent ou se roidissent, avancent ou reculent; que la pâleur paroisse sur nos visages, le feu dans nos yeux, les ris sur nos joues, &c.? Tous ces mouvemens extérieurs, qui sont purement naturels, sont produits par des mouvemens cachés, mais purement matériels. Ce sont les esprits animaux qui, mis en mouvement, ou par des rayons de lumieres, ou par des corpuscules échappés des corps environnans, se portent au cerveau, & de là, par une rétroaction rapide, ou dans les muscles qui se gonflent, ou dans les nerfs qui se bandent, ou dans le sang qui s'arrête ou se précipite, mettent en branle un nombre prodigieux de fibres, dont l'action produit les divers mouvemens de nos corps, dont nous ne sommes de froids admirateurs, que parce que nous les voyons tous les jours. Mais dans tout cela je ne vois qu'un mouvement progreſſif de corpuſcules, qu'un vrai jeu de reſſorts, qu'un ſpectacle de marionnettes; juſqu'ici point de réflexions, point d'intelligence, point d'ame. Paſſons au troiſieme principe.

La mémoire, l'imagination, les paſſions, ne ſont pas comme l'intelligence, indépendantes de la matiere : l'exercice de leurs fonctions eſt bien dans l'ame; mais l'occaſion de leur exercice eſt dans le corps. La ſageſſe du Créateur a placé dans le cerveau une ſubſtance tout à la fois aſſez molle pour recevoir aiſément des traces, & aſſez ferme pour les conſerver long-temps. Les eſprits forment ces traces. S'ils ſont ſouvent mus par les mêmes objets, ſouvent les mêmes traces ſeront formées. Si leur émotion eſt violente, leurs traces ſeront profondes : dans tout cela, rien que de mécanique. Mais ſi le Créateur juge à propos de joindre une ame à cette machine, & veuille qu'à l'occaſion de telles traces dans le cerveau, telle impreſſion affecte l'ame; alors les différentes affections de l'ame dépendront, ou de la variété des objets environnant la machine, ou du cours plus ou moins impétueux des eſprits, ſource des différentes modifications du cerveau. Un exemple ici ne ſera pas inutile.

Un enfant répete long-temps ſa leçon: un Prêtre dit tous les jours ſon Bréviaire; qu'y a-t-il dans eux de purement mécanique? D'abord les mêmes rayons de lumiere ont communiqué les mêmes degrés de mouvement aux eſprits animaux. Ces eſprits ſe ſont ouvert ſouvent les mêmes paſſages. Par l'ébranlement fréquent des mêmes fibres, ils ont profondément tracé certaines images. A l'impreſſion de ces images, les loix du Créateur ont attaché certaines perceptions dans l'ame du Prêtre ou de l'enfant. C'eſt dans leur ame que va ſe peindre la vive empreinte des caracteres;

& la régularité des traces dans le cerveau contribue à l'exactitude de la perception dans l'ame, comme de leur confusion il ne résulte dans l'ame qu'un assemblage confus d'affections. Mais quoique de cette espece d'harmonie dans l'organe dépendent les perceptions de l'ame, il ne faut pas croire que son action soit nécessaire pour la continuation du mouvement dans la machine. Indépendamment de l'ame, le retour des esprits animaux, & leur distribution, se fera dans les membres par les mêmes canaux. Même mouvement dans les poumons, dans la trachée artere, sur les fibres des levres, dans les muscles de la langue; même vibration dans l'air; même inflexion dans la voix: aussi voit-on le Prêtre & l'enfant, sans aucune attention de la part de leur ame, continuer l'un son Bréviaire & l'autre sa leçon: bien plus, leur mémoire sera d'autant plus sûre, que l'ame s'en mêlera moins. La premiere

réflexion

réflexion peut les dérouter. Un nouvel objet, donnant une détermination nouvelle aux esprits, les dérange dans leur cours, suspend les mouvemens dans la machine, ou bien en produit de différens.

Il est aisé de concevoir par-là, que la mémoire dans les animaux n'est qu'un jeu de mécanisme. Au fond de leurs oreilles est tendue une membrane d'un tissu délicat, où répondent certains nerfs qui aboutissent au cerveau. Que l'air soit agité par un grand bruit, il entre dans l'oreille; la membrane est poussée, les nerfs sont ébranlés, & les esprits portés dans le cerveau qui reçoit des impressions. Que le bruit soit répété, les traces y seront plus profondes. Mais si le Créateur a placé les tuyaux de communication du cerveau dans le gosier, & du tympan de l'oreille dans les muscles de la langue; alors l'ébranlement de l'air reçu dans le nerf auditif, & communiqué aux fibres du cerveau, doit ſe continuer par mille petits rameaux dans toutes les parties propres à former la voix. Ainſi je ſuppoſe pour un moment que l'ame de Scipion ſoit anéantie, & que Dieu conſervât ſon corps avec les mêmes organes, les ſolides dans le même état, & les liquides dans le même mouvement & le même équilibre; ſi l'on frappoit ſouvent ſon oreille de ces mots, *bonjour*, *bonjour*, *mon mignon*, *mon mignon*: les expreſſions déterminées dans les mêmes routes par l'air ainſi modifié, paſſeroient chez lui du cerveau dans la voix; & s'ouvrant par des impulſions réitérées, les muſcles du goſier & ceux de la langue ménageroient dans ces parties diſpoſées pour cet effet, les mouvemens propres à produire les mêmes vibrations dans l'air; en ſorte que Scipion, ſans ame, répéteroit à ſon tour les mêmes mots, *bonjour*, *mon mignon*, comme il arrive, Madame, à votre perroquet; telle eſt la mémoire des animaux.

L'application de ce principe est facile à l'égard de l'imagination & des passions. Je tombe dans une forêt entre les mains de quatre voleurs, qui me portent plusieurs coups : quel ébranlement violent dans ma machine ! quelle abondance d'esprits se porte en tumulte au cerveau ! aussi quel trouble confus dans l'ame qui reste dans l'inaction ! mais le mouvement de la machine ne laisse pas de continuer. Si la rapidité des esprits est excessive, les fonctions des organes s'embarrassent, je tombe en défaillance. Est-elle modérée ? la distribution des esprits dans les membres est prompte, les muscles se gonflent, les nerfs se roidissent, les yeux s'enflamment, je résiste. L'action des agresseurs permet-elle d'échapper ? les ressorts de la machine sont tellement disposés, que les esprits se précipitent par mille passages dans les cuisses & les jambes ; je deviens plus léger, je cours & disparois. L'ame pour tous ces mouvemens est inutile : cela ne se passe que dans mon corps, & se passe de même dans celui d'un sanglier attaqué par quatre chasseurs. Deux jours après je repasse dans le même endroit; quatre voyageurs viennent à ma rencontre : même émotion dans mes organes, même impétuosité dans les esprits; & la révolution dans la machine seroit la même, si la force d'une réflexion ne venoit ralentir le choc des esprits, en faisant diversion à leurs mouvemens. Mais la réflexion manque au sanglier; aussi le retour des mêmes circonstances occasionne le même jeu dans les ressorts de sa machine, il fuit ou se défend.

Il fuit ! s'écria Villemont. Souffrez, Monsieur, que je vous interrompe; mais plutôt par tel chemin que par trois autres qui se présentent. Il se défend ! mais si c'est une masse aveugle, pourquoi s'élance-t-il plutôt contre un Piqueur que contre un arbre? Ce cerf fatigué, pourquoi fait-il avec adresse en substituer un autre à sa place, & met-il par-là les chiens en défaut? Pourquoi ce cheval, qui court à bride abattue, s'arrête-t-il tout d'un coup devant un abîme? Le mouvement des esprits, si violent dans sa machine, ne doit-il pas continuer? & le voilà suspendu. Ces deux loups qui s'entendent si bien, l'un pour amuser le Berger & le chien d'un côté, tandis que de l'autre son confrere se jette sur le troupeau; assurément, si ces deux loups ne sont que des automates, Descartes & Malbranche courent grand risque de n'être rien de plus à mes yeux. Et cette perdrix qui s'expose pour sauver sa famille; & ces abeilles qui s'entre-aident; & ces fourmis.......

Cher Chevalier, lui dit le Marquis, il est inutile de multiplier en exemples les preuves d'intelligence que paroissent donner les Bêtes; j'avois prévu votre difficulté.

Vous m'avez prévenu lorsque j'allois

y répondre, en établissant encore deux principes qui peuvent servir de clef pour l'explication de tous les phénomenes.

Quatrieme principe. Le Créateur ne peut agir que sagement. Or, dans le plan que sa sagesse a conçu de nos corps & de ceux des animaux, il n'entroit pas seulement de leur donner une existence de quelques momens, mais de les faire subsister un certain temps.

Il a fallu, pour cet effet, en les organisant, ménager entre eux & les autres êtres, des rapports & des différences; des rapports qui contribuassent, en les rapprochant, à leur conservation, & des différences qui les garantissent de leur destruction en les écartant.

Ce sont-là, si vous voulez, des qualités occultes, mais qui ne sont pas chimériques : tout l'Univers en prouve la réalité. Pourquoi les eaux descendent-elles des montagnes sans y remonter, & que les astres roulent autour de la terre ſans y deſcendre ? Pourquoi le lierre cherche-t-il l'appui du chêne, & la vigne celui de l'ormeau ? Pourquoi le mercure s'unit-il plutôt à l'or que le fer, & le fer à l'aimant plutôt que le bois, & que le bois comme l'aimant ne ſe tourne pas vers le pôle ? Mettrez-vous des ames dans chacun de ces corps, pour en régler les déterminations ? Non ſans doute ; mais le Créateur, pour lier toutes les parties du monde & les conſerver, les a partagées des propriétés ſecretes qui les uniſſent ou les ſéparent ſelon leurs beſoins.

La vie de l'Univers dépend du mouvement. Son harmonie demande dans ce mouvement de la régularité ; mais la conſervation de chaque partie exige dans ſes degrés de mouvement, des proportions qui ſe multiplient à l'infini, parce qu'elles ſe meſurent ſur les beſoins des êtres qui ſont infiniment variés.

C'eſt à l'étude de nous-mêmes qu'il

faut à présent nous rappeler. La disposition des resforts, qui font en divers sens mouvoir nos machines, est si bien entendue, que, toutes les opérations de l'ame suspendue, leur jeu ne continuera que conformément à nos besoins. Un homme se leve la nuit en dormant; il marche, il court : hé bien! son corps fera naturellement tous les balancemens nécessaires pour se garantir de la chute; en sorte qu'il marchera plus sûrement sur le haut d'un toit, au bord d'un précipice, qu'il ne feroit étant éveillé. Pourquoi? ce n'est que des sages loix établies par le Créateur pour notre conservation, qu'on en peut tirer la raison; & son industrie dans la structure délicate de nos organes, va même jusqu'à donner à la matiere un air de liberté, & un privilége apparent de choisir, à nos membres. Je sais bien que le libre arbitre n'est que dans l'ame, & qu'une loi suppose la connoissance de deux objets qu'on a comparés;

mais se porter vers un corps plutôt que vers un autre, ce que j'appellerai du moins l'expression de la liberté, est un effet dans nous purement machinal. Le libre arbitre est enchaîné dans un fou; il l'est dans un petit enfant. Cependant, qu'on présente au premier, s'il a faim, un pain & une pierre; sa main se porte tout d'un coup sur le pain. Que l'autre puisse monter sur une table pour prendre un raisin; il prend une chaise, la traîne, & s'en sert comme d'un degré pour monter. D'où peut venir, dans l'un & dans l'autre, cette justesse de mouvemens, nécessaire pour leurs opérations? Ils n'ont ni liberté ni discernement, de l'aveu de tout le monde; & cependant ils paroissent choisir & raisonner. Il faut, pour expliquer ceci, recourir au cinquieme & dernier principe, qui peut éclaircir cette question & dissiper tous les nuages.

Tout l'Univers est en mouvement: la matiere subtile est dans le monde ce que ſont les eſprits animaux dans nos corps; elle pénetre tout : tout circule, tout végete, tout travaille. Quelle eſt, je vous prie, la cauſe de ce mouvement? Sont-ce les corps qui, par la matiere, ont la vertu de ſe preſſer les uns les autres? C'eſt au vulgaire qu'il faut laiſſer un tel préjugé. Nous ſavons que la matiere peut bien recevoir du mouvement, mais qu'elle eſt incapable d'en donner. Sont-ce des eſprits? On concevroit plutôt, ce me ſemble, une diſtance infinie entre le corps & l'eſprit, qu'une action immédiate de l'eſprit ſur le corps. Mouvoir un corps, c'eſt créer un mouvement. On ne peut donner l'exiſtence ſans donner le mouvement ou le repos, ni donner le repos ou le mouvement ſans donner l'exiſtence dans un de ces deux états; & faire paſſer de l'un à l'autre, c'eſt donner ſucceſſivement l'exiſtence dans l'un & l'autre. Or le droit de créer eſt inaliénable dans le Créateur : le droit de mouvoir eſt donc en lui incommunicable ; & cette idée s'accorde parfaitement avec celle de l'immenſité divine. Dieu peut-il être préſent à tout ſans opérer, ou ſon opération peut-elle être ſans efficacité ? Eſprit & corps, tout eſt dans ſa main : c'eſt donc de ſa main que part tout mouvement. Ame univerſelle du monde, il en meut les moindres parties ; & ne fallût-il remuer qu'un atome, toutes les intelligences créées pour cela ſont impuiſſantes ; il faut recourir à la force du Créateur.

Ce principe une fois admis, l'ordre de l'Univers n'eſt plus une énigme. Où tout eſt conduit par une intelligence infinie, tout doit porter un caractere d'intelligence. Ainſi, que les ſatellites de Jupiter obſervent autour de cette planete une marche réguliere ; qu'une aiguille aimantée ſe tourne toujours vers le Nord ; que le ſuc de la terre s'inſinue par les fibres des racines pour porter de la nourriture juſque dans la tige des fleurs ; que les eaux de l'Océan s'avancent ou reculent dans des temps marqués : tous ces mouvemens ſont admirables ; mais doivent-ils ſurprendre ? ils ſont l'effet d'une ſouveraine raiſon. Un enfant à la mamelle, qui ſuce le lait & s'en nourrit ; un noctambule, qui monte & deſcend un eſcalier ſans le voir & ſans ſe bleſſer ; un fou, qui pare avec adreſſe les coups qu'on lui porte, ſont tous trois des mouvemens ſinguliers qu'on ne peut attribuer à leurs ames, qui ſont privées, dans l'enfance, le ſommeil & la folie, de connoiſſance, de réflexion & de liberté. Quelle en eſt donc la cauſe, ſinon celui qui veille à leur conſervation, & met en jeu, pour la procurer, les reſſorts dont il les a pourvus ? Et dans nous-mêmes, que la raiſon éclaire, il eſt vrai que notre ame exécute une eſpece d'empire ſur notre corps ; mais ne nous y trompons pas, cet empire n'eſt pas immédiat, c'eſt le Créateur qui, placé, pour ainsi dire, entre le corps & l'ame, manie tellement ces deux substances, qu'à l'occasion des impressions que reçoit l'une, il opere des volontés dans l'autre; & à l'occasion des volontés de l'ame, il produit des mouvemens dans le corps. Et si la réflexion absorbe en quelque sorte toutes les facultés de l'ame, le Créateur alors se charge seul de la conduite de notre machine : de là cette justesse dans nos mouvemens, & cette adresse merveilleuse dans tout ce que nous faisons sans y penser ; en sorte que si nos ames étoient anéanties, nos machines, sous la main du Créateur, s'il vouloit les conserver, pourroient présenter les mêmes miracles que nous admirons : un danseur de corde garderoit les mêmes équilibres, Blavet joueroit aussi bien de la flûte, & Mondonville du violon.

Rapprochons à présent ces principes; mais avant d'en faire l'application aux Bêtes, ne pourroit-on pas révoquer en doute, avec raiſon, pluſieurs des opérations qu'on leur attribue? Ce trait du chat-huant de La Fontaine, n'eſt-ce pas un conte fait à plaiſir? N'en eſt-il pas de même de l'Hiſtoire prétendue du Milan & de l'Aigle, que M. de Villemont nous a ſi bien traduite de l'Anti-Lucrece? Ce n'eſt pas le Philoſophe, ſans doute, dans M. de Polignac, c'eſt le Poëte, qui, pour embellir ſon Ouvrage, a fait uſage d'un pareil trait. Quels garans pourroit-on me donner de tant d'autres merveilles qu'on tire d'Auteurs fort ſuſpects? Ælien eſt trop crédule; Pline le Naturaliſte eſt un menteur, & Montagne un badin, qui ne prétend que s'amuſer. Mais quand je ne pourrois m'inſcrire en faux contre leurs Recueils, je crois une ame fort inutile pour expliquer les plus étonnantes de ces opérations.

La Comteſſe voyant le Marquis ſur le point d'entrer dans quelques détails, l'interrompit : Cher oncle, dit-elle, voyons ſi j'ai bien ſaiſi votre idée. Je commence à croire que ſans aucune eſpece d'ame, on pourroit expliquer ce que les animaux font de plus merveilleux; & cela, par le moyen de votre ſyſtême, dont je vais tâcher de mettre ſous un ſeul point de vue toutes les parties.

Les animaux, dites-vous, ne ſont que des machines, mais formées avec une induſtrie admirable, & dans une prodigieuſe variété. Ces machines ſont tellement montées, que les impreſſions qu'elles reçoivent du dehors, ne remuent leurs reſſorts au dedans que pour leur donner la ſituation la plus convenable à leur conſervation. Les différens beſoins de ces machines occaſionnent leurs divers mouvemens; & ces mouvemens ſont produits par une action particuliere du Créateur, qui cependant s'eſt reſtreint à ne faire uſage, pour les conſerver, que de l'organiſation dont il les a pourvues : cette organiſation a été travaillée ſur différens plans. Cette différence vient, ou de celle des élémens dans leſquels ces machines doivent être mues, ou de celles des opérations auxquelles elles ſont deſtinées. Ainſi, qu'une araignée terreſtre tombe dans l'eau, l'effet de ſon organiſation ſe borne au mouvement de ſes pattes, qui ſouvent ne ſuffit pas pour la ſauver; au lieu que cette araignée aquatique, dont on a fait depuis peu la découverte, eſt pourvue d'inſtrumens propres à lui former, au milieu de l'eau, une eſpece de cloche dans laquelle elle s'enveloppe d'air pour reſpirer...... Je ne ſais ſi je m'écarte de l'idée du cher oncle: Point du tout, Madame, lui dit le Marquis; mais vous oubliez l'eſſentiel.... J'entends, reprit la Comteſſe; je vais y venir: ces machines donc, car vous le voyez, cette idée de machines ceſſe de me trop révolter, n'ont ni mémoire, ni imagination, ni paſſion, ni liberté; mais tout le mécaniſme qu'exigent dans nous la liberté pour choisir, les passions pour se produire au dehors, l'imagination & la mémoire pour conserver les traces des images ; tout ce mécanisme est tellement ménagé dans le cerveau des Bêtes, que si Dieu venoit à produire dans leurs machines par lui-même, ce qu'il ne fait dans nos corps qu'à l'occasion des affections de nos ames, on remarqueroit dans elles les mêmes mouvemens extérieurs que dans nous. Qu'une abeille & un Artisan aient chacun une ouverture à former ; l'image du trou est exactement tracée dans le cerveau de l'un & de l'autre. Dieu conduit les mains de l'homme & les pattes de l'insecte. Mais à l'image de l'ouverture, empreinte dans son cerveau, l'Artisan joint la volonté de la boucher : cette volonté manque à l'abeille, & Dieu la supplée. En quoi donc sommes-nous différens des animaux ? en quoi leur ressemblons-nous ? Ce que nous avons de commun avec eux par l'imagination

& la mémoire, c'eſt l'impreſſion reçue dans le cerveau; mais cette impreſſion dans nous va juſqu'à y occaſionner des ſenſations : voilà la différence. Les paſſions, dans les Bêtes, ſe bornent au mouvement violent des eſprits, & vont dans nous juſqu'au ſentiment. L'organe qui ſert d'inſtrument à la liberté, eſt mis en jeu dans elle comme dans nous; mais c'eſt le Créateur, dans les bêtes, qui choiſit, au lieu que le choix dans nous eſt l'effet d'une connoiſſance réelle des objets que nous avons comparés. J'entends tout cela : mais, cher oncle, pourquoi tant de différences entre les animaux de la même eſpece? l'organiſation eſt la même.

Oui, Madame, lui dit le Marquis, mais la délicateſſe de l'organe ne l'eſt pas. Elle eſt plus grande dans les uns; auſſi leurs mouvemens ſont plus prompts; ils paroiſſent montrer plus d'eſprit. Elle eſt moindre dans les autres; auſſi leurs opérations ſont plus lentes; ils marquent de la ſtupidité : de plus, la différence de leur éducation en met une grande dans leurs mouvemens.

Pourquoi *Badine*, au premier ſigne que vous lui faites, Madame, ſe dreſſe-t-elle ſur ſes pieds de derriere, préſente-t-elle la patte, & danſe-t-elle avec grace, & qu'une autre chienne de la même eſpece ne le fait pas? cela ne peut venir que des fréquentes déterminations que l'on a données dans l'une de ces machines aux eſprits animaux qui forment les muſcles & tendent les nerfs deſtinés pour les mouvemens, tandis que dans l'autre les eſprits ſuivent leurs cours naturels par les paſſages ordinaires.

Oui, je conçois cela, cher oncle, reprit la Comteſſe; mais, dans une fourmilliere & dans une ruche, l'éducation eſt la même; mêmes organes : cependant quelle variété dans les opérations des abeilles & des fourmis! &, malgré cette variété, quelle harmonie dans leurs mouvemens! quelle ſymétrie dans leurs ouvrages ! J'admire ces petits animaux. Comment ! on reconnoît des ames dans ces vilains Sauvages de la Laponie, & on refuse d'en admettre ...... Le Marquis ne lui donna pas le temps d'achever. Oh ! Madame, dit-il, si vous donnez des ames aux abeilles, il faut donc leur en donner de plus parfaites que les nôtres. Une ruche alors est une école de talens & de vertus. Prudence, industrie, économie, tempérance, propreté, amour du travail, amour de son semblable, amour du bien public, sagesse dans les loix, grand ordre de police, esprit de société, patience, émulation, constance...... Il n'est point de vertus qu'on n'ait lieu d'admirer dans les abeilles : mais n'est-ce pas les leur ôter toutes, que de vouloir les leur toutes accorder ? Plus on insiste sur leur éloge, & plus on sent la nécessité de recourir à l'action immédiate du Souverain Moteur, dont l'intelligence regle les moindres opérations des fourmis & des abeilles, comme les plus grandes révolutions des Cieux. Ce qui donne quelque éloignement pour ce système, c'est la crainte apparemment, ou de dégrader le Créateur par la petitesse de ces détails, ou de l'embarrasser par leur nombre. Mais est-ce connoître Dieu, que de supposer en lui, ou un avertissement pour ce qui releve au contraire sa grandeur, ou un embarras qui ne pourroit venir que d'impuissance ? Ce préjugé une fois écarté, quoi de plus simple que de dire que les abeilles ont des organes propres à leurs opérations; que les fonctions de ces organes sont occasionnées par les circonstances; que leurs mouvemens sont proportionnés à leurs besoins; & que les proportions sont immédiatement ménagées par celui qui seul en a la connoissance? Voilà le dénouement à toutes les difficultés. De tous les traits de sagacité qu'on peut alléguer, un des plus embarrassans est celui de ces deux loups, dont l'un paroît tendre un piége au chien & au Berger, tandis que l'autre s'élance sur le troupeau. Je m'arrête à celui-ci d'autant plus volontiers, qu'un assemblage de mouvemens plus compliqués occasionnera plus d'étendue dans leur explication.

Il faut d'abord écarter de ce fait, si c'en est un, tout dessein, toute réflexion, & ne pas supposer par le récit même, ce qui précisément est en question. Les seuls mouvemens extérieurs nous sont connus; ce n'est donc que sur eux qu'il s'agit de juger. Un Berger, un chien, des agneaux, & deux loups; voilà les objets qu'il s'agit de se mettre devant les yeux. Le mécanisme dans tous ces corps est merveilleux, & n'est bien connu que de son Auteur. Les termes d'antipathie, de sympathie & d'instinct, ne présentent pas à l'esprit des idées assez nettes pour être employées; mais aussi faut-il avouer que, parmi les secrets que la Nature tient couverts d'un voile impénétrable, il faut mettre les causes de certaines unions ou séparations de corps dont l'on est témoin, sans en pouvoir tirer d'explication que des trésors de la Toute-puissance. Au reste, si l'art des hommes a été, comme on le sait, jusqu'à former avec du carton, du bois & du fer, des serpens qui siffloient, des lézards qui montoient & descendoient, des têtes qui parloient, des statues de Bergers & de Bergeres qui faisoient un concert d'instrumens & battoient la mesure avec le pied, comme on le voit encore aujourd'hui; doit-on être si surpris, quand on entend dire que le Tout-puissant a mis dans les organes des loups & des agneaux, des fibres assez délicates pour être promptement ébranlées par les corpuscules qu'ils s'envoient les uns aux autres; & que l'ébranlement de ces fibres peut déterminer ces machines, les unes à s'avancer contre les autres, & celles-ci à s'éloigner des premieres? Rien donc d'incompréhensible dans la marche des deux loups vers les agneaux, ni dans la fuite de ceux-ci ; mais les agneaux, en fuyant, ou par leurs bêlemens, agitent l'air, dont les ondulations jointes aux corpuſcules échappées des loups, mettent en branle une autre machine dont le jeu eſt admirable. Le chien paroît. Pourquoi ce nouvel automate eſt-il précipité vers la droite où ſont les loups, plutôt que vers la gauche où courent les agneaux? C'eſt que, dans le plan de ſon organiſation, le Créateur avoit fait entrer, que de telle circonſtance réſulteroit telle impreſſion ſur les eſprits du chien; que l'action de ces eſprits porteroit ſur tels muſcles & tels nerfs; & que, de l'ébranlement de ces nerfs & de ces muſcles, s'enſuivroient, & les aboiemens qu'on entend, & les évolutions ſingulieres dont on eſt témoin. Mais pourquoi cet intérêt que le chien prend pour les agneaux? Il n'en prend pas; &, pour en être convaincu, il ſuffit de ſavoir combien il

en

en coute au Berger pour dreſſer un chien à la garde d'un troupeau, & l'on verra que tout ce que le chien paroît faire en faveur des agneaux, n'eſt qu'un effet des reſſorts qu'on a fait mouvoir mille & mille fois, afin que la force de l'habitude les fît jouer de cette maniere dans l'occaſion.

Aux approches du chien, les loups ſe ſéparent. Pourquoi, direz-vous, les deux ne fuient-ils pas enſemble, ou ne fondent-ils pas enſemble ſur leur proie? Mais pourquoi prêter à l'aveugle, à l'un, un deſſein concerté d'amuſer le chien, pour donner à ſon confrere la facilité de faire ſon coup? La diverſité de leurs opérations ne peut-elle pas venir des diverſes impreſſions qu'ils reçoivent? Dans l'un de ces loups, le cours des eſprits eſt ſuſpendu à l'occaſion des aboiemens du chien, qui, portant par le nerf auditif une nouvelle multitude d'eſprits dans ſon cerveau, précipitent leurs cours par les tuyaux de la machine, propres à produire dans elle, d'abord un demi-ſon, & bientôt une prompte fuite. Rien de plus ſimple. Le chien pourſuit ce premier loup. Mais je ſerois auſſi ſurpris de le voir reculer, que de voir une aiguille aimantée ſe tourner vers le Midi. Selon les loix mécaniques établies par le Créateur, l'action des corpuſcules du loup ſur les eſprits du chien, de ces eſprits ſur ſon cerveau, de là ſur les nerfs, & des nerfs ſur toute la machine, doit l'emporter ſur les pas du loup avec d'autant plus de promptitude & de fidélité, que cette action devient plus forte à proportion de ſon progrès ſur les mêmes traces. Mais l'autre loup ſuit ſa premiere détermination : il doit la ſuivre. Plus éloigné du chien, il a dû en être moins ébranlé. L'ébranlement reçu diminue à meſure que le chien s'éloigne, & ne peut par conſéquent balancer l'impulſion reçue des agneaux, qui ſe fortifie à meſure qu'il en approche. Il en ſaiſit un, & l'emporte. Mais pourquoi, tenant sa proie, ne s'arrête-t-il pas pour la dévorer? Le voici : le cours des esprits qui le portoient vers l'agneau, cesse, il est vrai, par la contrariété de ceux qui se hâtent vers l'estomac; mais les traces imprimées dans son cerveau par les cris & les mouvemens du chien, ne sont pas effacées. De là cette nouvelle effusion d'esprits qui transportent sa machine loin de tout ce qui peut nuire à sa conservation. Mais pourquoi tant d'opérations différentes se passent-elles avec cette justesse de mouvemens & dans les momens précis qui conviennent? Ah! je l'avouerai, l'industrie de tant de manœuvres étonnantes est le fruit d'une intelligence infinie, qui seule est capable d'embrasser tant de millions de combinaisons, dont le nombre épouvante notre imagination, mais dont l'effet n'est qu'un jeu pour le Créateur.

Selon cette suite d'idées, je ne vois dans les agneaux, les loups & le chien, que des mouvemens d'automates, qui ſont mus d'une maniere convenable, mais ſans ſentir la convenance de leurs mouvemens. A préſent s'offre un nouveau ſpectacle. Le Berger s'éveille : ſes yeux s'ouvrent ; ſes membres ſont agités ; il ſe leve. Dans tout cela, rien encore que de mécanique. Mais il voit le déſordre dans ſon troupeau, & veut y remédier. Cette volonté n'eſt pas dans ſon corps. Il apperçoit le loup qui fuit, chargé d'un agneau. Cette ſenſation n'appartient pas à la matiere. Il délibere : Prendrai-je ma houlette ? Non, je ne ſerois pas à temps. Il s'arme d'un fuſil ; & ſait qu'en débandant un certain reſſort, il fera partir un plomb rapide, qui, ſelon la direction qu'il donnera à ſon coup, ira percer la tête du loup ; il le tue. Le loup eſt tué. Il ſent le beſoin qu'il a de ſon chien ; il fait entendre un ſifflet : le chien accourt ; ſon troupeau ſe raſſemble. Il compte ſes brebis, ſe félicite de les retrouver toutes; il eſt bien ſûr de n'être pas trompé dans ſon calcul : à la vue du loup qu'il a tué, il ſe livre à la joie, ſentiment vif, dont aucune partie de ſon corps n'eſt ſuſceptible : il porte en triomphe dans ſon village ſa proie, & ſe flatte d'une récompenſe. Dans tout ce détail, qui eſt-ce qui ne remarque pas une foule de réflexions, de ſentimens, de raiſonnemens, de connoiſſances, qui prouvent dans ce Berger, outre l'exiſtence de ſon corps, celle d'une ſubſtance ſpirituelle, qui ſert de proportion, éprouve des déſirs, combine des mouvemens, choiſit des moyens, & connoît leur rapport avec la fin qu'il ſe propoſe ?

Ne trouvez-vous pas comme moi, mon cher Mentor, de l'adreſſe dans le Marquis, à préſenter de la ſorte une ſuite d'images pour ménager dans leurs progrès une plus forte impreſſion ? Sans me laiſſer éblouir par un tel artiſice, Monſieur, lui dis-je, trouvez-vous bon que je vous rappelle une de vos maximes ? Les ſeuls mouvemens extérieurs, disiez-vous, nous sont connus ; cette regle, qui doit être suivie à l'égard des loups, ne doit-elle pas l'être à l'égard du Berger ? Pourquoi *lui prêter à l'aveugle* des intentions ? Il me paroît que vos principes ne vont pas seulement à priver d'ame les Bêtes, mais les hommes ; des organes bien disposés, des occasions marquées par les besoins, des habitudes reçues par l'occasion, une action continuelle du Créateur sur nos machines ; avec cela, Monsieur, & sans le secours d'une ame, on peut expliquer les opérations des hommes. La parole, qui les distingue des Bêtes, est un signe très-équivoque de pensées : cela entre, puis-je dire comme vous, dans le plan de leur organisation. Pourquoi donc faire intervenir une intelligence subalterne où tout est réellement conduit par la suprême Intelligence ?

Je regardois cette difficulté comme embarrassante, même pour le Marquis, lorsque la Comtesse, impatiente d'y répondre : Monsieur, me dit-elle, est-ce sérieusement que vous prétendez faire le parallele de l'Homme avec la Bête ? Comment ! la parole est la seule différence que vous apperceviez entre l'un & l'autre ? Que les muets seroient à plaindre, si votre jugement étoit sans appel ! Et si malheureusement une paralysie venoit à tomber sur toutes nos langues, & que celles des ânes vinssent à se délier, comme celle de l'ânesse de Balaam, ce seroit donc à nous à baisser pavillon devant eux ? Ah ! du moins à la parole vous devriez bien joindre l'écriture, cet art si merveilleux, dont les Bêtes, je pense, n'ont encore fait aucun usage.

Volontiers, Madame, lui dis-je : mais écrire & parler sont des opérations qu'on peut expliquer dans les hommes, sans l'entremise d'une ame ; le souverain Moteur, pour parler le langage de M. votre oncle, les produit. Il n'est pas plus difficile au Créateur de remuer nos langues & nos doigts pour former des ſons & tracer des lignes, que de régler la manœuvre d'un chat, qui, pour prendre une ſouris, s'avance, s'arrête, ſe tapit, recule, s'élance, & fait mille mouvemens ſinguliers. Avec l'heureux expédient de M. le Marquis, je ſuis en droit de douter ſi les hommes ont des ames : les paroles qu'ils prononcent, & les lettres qu'ils écrivent, ſont les ouvrages d'une intelligence, mais d'une intelligence infinie. En prononçant ces derniers mots, je jetai les yeux ſur le Marquis.

J'entends, me dit-il, voilà votre objection dans tout ſon jour : j'en ſens toute la force, & je remarque dans les yeux de M. de Villemont le plaiſir qu'il goûte d'avance de me voir ſans réponſe. Je conviens, Monſieur, que la Métaphyſique ne m'en fournit pas; vous le voyez, j'y vais de bonne foi : mais trouvez bon que je vous demande la même franchise, & jugez si les raisonnemens que je vais faire pour détruire le vôtre, ne sont pas sans réplique.

Depuis une heure que nous parlons ici, n'avons-nous fait que prononcer des mots vides de sens, & frapper l'air par des sons? notre conversation ne consiste-t-elle que dans les mouvemens du poumon & de la trachée artere? que dans une impulsion de l'air, qui, diversement modifié, ébranle le tympan de nos oreilles, & par des coups dont les contre-coups vont retentir dans le cerveau? Ne sommes-nous ici que comme des perroquets ou des échos, qui n'articulent des mots ou ne rendent des voix qu'en conséquence de certains ébranlemens reçus & rendus mécaniquement? Non, Madame, bien loin de nous répéter, nous sommes en contradiction, & parlons tous quatre différemment. Madame a dit que les Bêtes ont des ames sensitives; Monsieur, qu'elles en ont de raisonnables, comme les nôtres; vous, Monsieur, que les nôtres sont mortelles comme celles des Bêtes: pour moi, j'ai soutenu qu'elles n'en ont point du tout. Pourquoi cette différence de langage? Ne vient-elle pas de la différence de nos pensées? Les miennes me sont connues: puis-je douter de la réalité des vôtres, puisqu'il m'est évident qu'elles sont différentes? Or, le principe pensant dans moi, n'est pas le souverain Moteur; il ne peut pas l'être dans vous: s'il l'étoit, vous seriez d'accord. Dieu ne sauroit se combattre lui-même: ainsi, Monsieur, la parole, que vous regardez comme un signe équivoque de vos pensées, m'en paroît une démonstration. Parler, ce n'est pas remuer la langue & les levres; c'est se communiquer réciproquement ses pensées par ces canaux matériels établis par le Créateur pour le commerce des esprits unis à des corps. Nous nous parlons, quand, par des gestes, par l'écriture, ou d'autres signes, nous mettons les pensées de nos esprits dans ceux des autres.

Comme j'allois l'interrompre : Permettez, Monsieur, continua-t-il; vous allez m'objecter que peut-être les Bêtes parlent entre elles & s'entendent; mais peut-être, Monsieur, ne s'entendent-elles pas : & ne me suffit-il pas, pour ruiner ce prétendu commerce de pensées dans les animaux, d'expliquer sans ce moyen de toutes leurs opérations, celles qui paroissent le plus l'exiger ? C'est ce qui m'est facile avec les principes établis. Il n'en est pas de même des hommes. Le *peut-être* à leur égard ne sauroit avoir lieu. Ne regarderiez-vous pas comme un trait d'extravagance de dire que *peut-être* les hommes pensent qu'ils parlent & s'entendent *peut-être*? notre seule conversation là-dessus, si suivie & si variée tout à la fois, ne suffit-elle pas pour confondre la plus étrange opiniâtreté ?

De plus, si les animaux entre eux ont un langage pour se faire part de leurs pensées, comment arrive-t-il que depuis six mille ans qu'ils parlent & raisonnent, ils n'aient encore rien inventé, ni fait la moindre découverte, ni profité d'un seul événement pour se perfectionner? Avec la force prodigieuse qu'ont les uns, & l'adresse merveilleuse que marquent les autres, comment n'ont-ils pu, ni forger de nouvelles armes pour se défendre, ni convenir d'un signal pour se rallier, ni joindre enfin les secours de l'art à ceux de la nature? L'art est le fruit de la réflexion. Je conviens qu'une toile d'araignée est un tissu admirable; qu'un nid d'hirondelle est un chef-d'œuvre d'architecture, que les palais des Rois, en fait de proportion, n'approchent pas du coquillage d'un limaçon. Mais ce limaçon est-il l'architecte ou l'instrument? L'adresse est-elle dans l'araignée, & l'intelligence dans l'hirondelle? La perfection même de l'ouvrage ne défend-elle pas d'en faire honneur aux insectes qui les travaillent ? Eh ! de quoi, je vous prie, serviroit aux abeilles de s'entendre, puisque les rayons qu'elles ont fait ou feront jusqu'à la fin du Monde, ne différeront jamais en rien les uns des autres ? Une grande uniformité dans les mouvemens marque, ce me semble, dans les corps mus, une grande justesse de mécanisme ; & une parfaite uniformité marque-t-elle autre chose qu'une perfection de la machine ?

Peu content de cette derniere réflexion : Monsieur, lui dis-je, cette uniformité ne va pas si loin que vous le dites ; je vois au contraire parmi les Bêtes, des opérations presque aussi variées que parmi les hommes. J'ai laissé mon gant dans le jardin : que je fasse un signe à mon chien, il courra dans le parc, & ne reviendra qu'avec mon gant ; que je lui présente mon pied, il ira me chercher mes pantoufles. Votre chien, qui cependant eſt de la même eſpece, ſera-t-il la même choſe ?

Non, Monſieur, me répliqua le Marquis ; mais que je faſſe un ſigne à cette pendule, en tirant ce cordon, elle m'apprendra qu'il eſt cinq heures. Celle qui eſt dans votre chambre, & qui n'eſt pas montée, m'apprendra-t-elle la même choſe ? Pourquoi ces tilleuls dans cette allée font-ils beaucoup d'ombre, & très-peu dans l'autre ? c'eſt qu'ici l'on a plié les branches pour former un berceau, & là, qu'on les a taillés en éventails ou en tête d'orangers. Le fer ſous le marteau, & la cire dans mes doigts, peuvent prendre différentes formes ; il en eſt de même des Bêtes : ce ſont des inſtrumens travaillés avec un art infini, que le Créateur nous met entre mains, pour que nous en tirions les uſages qui nous conviennent. Nous aiguiſons le fer pour couper, & nous dreſſons les chiens pour la chaſſe ou la garde de nos maiſons ; & toutes ces merveilles qu'on leur attribue ne prouvent d'intelligence que dans ceux qui les ont dressés, & prouveroient plutôt que ces Bêtes en manquent. Que votre chien n'ait appris à rapporter qu'un gant, si vous perdez votre bourse, vous aurez beau lui faire des signes, il ne la rapportera jamais. Demandez-lui vos bottes, en vain lui montrerez-vous votre pied, il n'ira jamais chercher que vos pantoufles : aussi remarque-t-on dans les mouvemens de sa machine, non pas l'obéissance d'un agent intelligent à des ordres qu'il conçoit, mais une aveugle impétuosité qui le précipite dans le jardin, qui porte le plus délicat de ses organes sur tous les corps qu'il flaire, qui lui fait saisir l'objet que vous lui avez fait voir, sentir & mordre mille fois, en mettant ses esprits dans une grande agitation, & qui le reconduit enfin vers le morceau de pain que vous aviez coutume de lui donner.

Quelle différence entre telles opérations & celles des hommes pour la variété ! Ce ſeul volume que je vois ſur la table de Madame (ce ſont, dit-il en l'ouvrant, les Fables de la Fontaine), ne le prouve-t-il pas ? A ne conſidérer que le matériel du livre, que de réflexions n'a-t-il pas fallu faire pour le conduire au point de perfection où vous le voyez ? Ce papier, qui eſt ſi beau, par quelle étonnante métamorphoſe a-t-on ſu le tirer de vils lambeaux ramaſſés au haſard ? Ces caracteres, comment les a-t-on formés? Quelle invention que celle d'une preſſe ! Ces vignettes, qui couronnent chaque page, par quel art a-t-on pu les tracer avec tant d'ordre ? Ces figures en taille-douce, qui repréſentent tous les animaux, par quel ſecret magique aujourd'hui vient-on à bout de parler en quelque ſorte aux yeux avec de l'encre & du papier ? Que ſeroit-ce donc ſi, du matériel du livre, je paſſois au grand ſens qu'il contient ? Je l'ouvre, & je trouve à chaque page des vérités, qui, cachées avec art sous le voile ingénieux de l'allégorie, m'instruisent en m'amusant; ces vérités que je reçois dans mon intelligence, une machine, fût-elle un chef-d'œuvre d'industrie, peut-elle en être la source? Le progrès dans la perfection suppose nécessairement un progrès dans les réflexions. Comment Aristote, à cinquante ans, étoit-il si différent dans ses Ouvrages de ce qu'il l'étoit à quinze, s'il n'a jamais été qu'un automate? Et ne seroit-il pas moins absurde d'attribuer la formation de l'Univers au concours des atomes, qu'au jeu de quelques ressorts la découverte du carré de l'hypothénuse? mais cette vérité, qui regne dans les ouvrages des hommes, ne prouve pas seulement qu'ils sont marqués au coin de l'intelligence, mais encore qu'à la réflexion qu'ils ont de plus que les Bêtes, ils ajoutent encore la liberté, nouveau trait distinctif qui caractérise leur prééminence.

La liberté n'eſt que dans la volonté. Se ſentir maître de vouloir ou de ne pas vouloir, d'agir ou de ne pas agir, de ſuſpendre ſon action ou de la continuer, c'eſt être libre. Cet empire que les hommes ont réellement ſur eux-mêmes, les animaux en ont-ils autre choſe que les apparences? Les uns & les autres ont bien les organes néceſſaires pour le mécaniſme des paſſions; mais le pouvoir d'arrêter les mouvemens de la machine eſt-il également dans eux? Un cheval qui galope eſt arrêté ſubitement devant un foſſé : un chien qui cherche ſon Maître, de trois chemins qu'il rencontre, prend celui qui convient; mais eſt-ce avec connoiſſance que l'un s'arrête, & par choix que l'autre ſe décide? Sommes-nous forcés, par l'évidence, de le croire? Ne peut-il pas ſe faire que celui qui a conſtruit le corps du cheval, ait prévu toutes les circonſtances dans leſquelles il pouvoit ſe trouver, l'ait pourvu de tous les reſſorts propres à le conſerver, & faſſe réſulter de l'écart des rayons de lumiere devant un précipice, l'ouverture de certains canaux dans le cerveau du cheval, & la tenſion ſubite des muſcles capables de l'arrêter ? Si cela ſe peut, pourquoi ne pas le dire ? Et n'exclut-on pas, en le diſant, toute liberté?

Toutes les opérations des animaux peuvent être expliquées par ce moyen ; celles des hommes peuvent-elles l'être ? Vouloir, délibérer, choiſir & maîtriſer à ſon gré ſa volonté, ſes vûes & ſon choix, dans ce partage chaque homme ne reconnoît-il pas le ſien ? Ne poſſede-t-il pas, juſque dans les fers, le tréſor de la liberté ? Entreprendre de prouver que l'homme eſt libre, n'eſt-ce pas en fournir une preuve ? & le refus de l'entreprendre n'en eſt-il pas une ſeconde ?

Cet attribut de l'homme brille même dans ſes déſordres. Ses égaremens ſont un abus de ſa liberté. Cet abus en démontre la réalité. Les digues qu'on oppose à cet abus, font voir la connoissance qu'on en a. Pourquoi des roues, des potences, des chevalets pour détourner les hommes du crime ? Mais les menaces des plus grands supplices ne sont-elles pas frivoles, si c'est une impérieuse nécessité qui rend les hommes criminels ?

Il est vrai qu'on frappe un chien pour l'empêcher de salir une chambre, & l'on réussit ; un regard, un mot suffisent ensuite pour l'en écarter. Mais est-ce volontairement qu'il s'écarte ? Est-il maître de rester ? Les coups qu'il a reçus la premiere fois étoient accompagnés d'un certain ton de voix, de plusieurs gestes & de plusieurs rayons de lumiere qui réfléchissoient des corps voisins. Du concours de toutes ces actions sur son cerveau, a résulté, par le moyen des esprits, un grand mouvement dans les muscles des cuisses & dans les nerfs des jambes.

Le lendemain, point de coups, mais mêmes geſtes, même voix, même rayon lumineux : l'ébranlement dans le cerveau ſera moindre, mais la détermination de la machine pour la courſe n'en ſera pas moins sûre, & le ſurlendemain, la ſeule impreſſion des rayons ſuffit encore pour l'écarter moins promptement, la violence de l'impulſion étant diminuée, mais auſſi certainement, les loix du mouvement étant invariables.

Et ne croyez pas, M. le Préſident, ajouta le Marquis, que ce ſyſtême, en affoibliſſant à nos yeux le prix des Bêtes, qu'il réduit à de ſimples machines, diminue auſſi l'idée du Créateur ; il l'agrandit au contraire, & l'étend. Quoi de plus admirable en effet que de voir le Tout-puiſſant ſe jouer dans les prodiges ſans nombre qu'il opere en remuant autour de nous tant de millions d'automates, qui, n'étant tous que matiere, c'eſt-à-dire, longueur, largeur & profondeur, ne different que par la maſſe ou le degré de mouvement ! & cependant le Créateur a trouvé dans les trésors de sa puissance le secret de prêter à des machines un air passionné, & d'organiser la poussiere avec tant d'art, qu'elle paroît délibérer, sentir, réfléchir & raisonner.

Ce dernier trait d'imagination fournit au Chevalier une nouvelle difficulté. Moins attentif aux raisonnemens du Marquis qu'à l'occasion de le surprendre en défaut : Monsieur, dit-il, il vient de vous échapper un mot qui vous trahit & me donne un beau jeu pour entamer votre systême. Les Bêtes, de votre aveu, paroissent raisonner. Hé bien, sur quoi voulez-vous que nous établissions nos jugemens, si ce n'est pas sur les apparences ? Est-ce pour nous tromper que Dieu nous les présente ? il en est incapable, vous en conviendrez : cependant, n'est-ce pas à lui qu'il faut attribuer nos erreurs, si les signes de sentiment & de raison qu'il nous offre dans les animaux sont sans réalité ?

J'admirois le ſang-froid du Marquis. De combien d'erreurs, cher Chevalier, dit-il, nous allons rendre la Divinité reſponſable, ſi toutes celles que les apparences occaſionnent dans nous, lui doivent être imputées! Ainſi, quand nous jugeons que les couleurs ſont adhérentes aux corps; que la Terre eſt en repos, &c. c'eſt donc Dieu qui nous trompe, puiſque toutes les apparences qu'il nous préſente ſont favorables à ces jugemens? Mais, qui nous force de les porter? Pourquoi ne pas les ſuſpendre, ou du moins ne pas s'en défier? On doit diſtinguer les vérités éternelles, des connoiſſances arbitraires; une loi immuable pour Dieu même, d'une inſtitution purement libre de ſa part. Ainſi, Dieu nous tromperoit ſans doute, s'il nous portoit à croire que 2 & 2 font 5; que la partie eſt plus grande que le tout dont elle eſt partie : il répandroit d'un côté des nuages ſur une évidence qu'il nous communique de l'autre. Mais, dans les merveilles de la Nature, nous voyons des effets, ſans en voir les cauſes. Elles ſont arbitraires ; Dieu nous les cache. En les cachant, bien loin de nous porter à des jugemens faux, ne pouvoit-il pas nous défendre d'en juger ? De ſimples conjectures, c'eſt tout ce qu'il nous permet ; les plus vraiſemblables doivent être préférées : or, ce n'eſt point aux ſens, mais à la raiſon de décider de leur vraiſemblance.

A la bonne heure, cher oncle, dit la Comteſſe, c'eſt à la raiſon : mais quoi ! n'accorderez-vous rien au ſentiment. Pour moi, je ſouffre quand je vois ſouffrir. Un enfant crie, cela m'attendrit. N'eſt-ce pas le Créateur qui produit en moi ce ſentiment de compaſſion qui m'intéreſſe pour cet enfant, & me fait juger qu'il a du ſentiment ? Qu'on frappe ma chienne, ſes cris me touchent : n'eſt-ce pas en conſéquence des loix du Créateur, qui veut m'intéreſſer pour elle, & me faire juger, par ma ſenſibilité

bilité qu'elle en a ? Si les ſignes de douleur ſont équivoques dans les Bêtes, ils le ſont donc dans les Hommes. Le Créateur nous jette donc dans de grandes mépriſes ; & la voix de la Nature n'eſt plus qu'une voix trompeuſe dont il faut ſans ceſſe ſe défier ? La Comteſſe, en achevant ces mots d'un air touchant : Pauvre petite ! dit-elle en baiſant ſa chienne, ſi tu n'as point de ſentiment, pourquoi ne ſaurois-je m'empêcher d'en avoir pour toi ?

Cet impromptu de tendreſſe nous fit rire Villemont & moi, mais d'un ris d'approbation, qui commençoit à flatter la Comteſſe, lorſque le Marquis, en Philoſophe ſévere, avec un ſourire ironique..... Amour ! Amour ! quand tu nous tiens, s'écria-t-il, on peut bien dire : Adieu prudence ! Adieu la Philoſophie, Madame, ſi nous ne lui donnons pour guide que notre cœur ! Votre réflexion, Madame, me donne lieu d'en faire une moins touchante que la vôtre, mais, si je ne me trompe, plus juste & mieux fondée.

On ne croiroit pas jusqu'où va, par rapport à nous, l'ordre établi dans la Nature. Le Créateur en a rendu l'harmonie analogue en quelque sorte à nos corps. Tout ce qui dérange cet ordre nous blesse, & fait sur nous plus ou moins d'impression, selon que nos rapports avec les corps dérangés sont plus ou moins grands. Vous avez fait abattre, Madame, cette belle avenue qui conduisoit à votre château. Ces arbres, comme de grands cadavres sans vie, sont couchés sur la terre. On ne peut les voir en passant, sans éprouver une certaine émotion qui chagrine. Au bout de cette allée est une statue d'Apollon. Elle est parfaite; on ne la voit jamais qu'avec plaisir : qu'on en abatte le nez, on ne pourroit la voir sans peine. Ce beau tableau du Palais Royal, qui représente Milon pris par les bras dans l'ouverture d'un chêne à demi-fendu,

& dévoré par des loups, on ne peut le regarder ſans ſouffrir : pourquoi ? c'eſt que, de deux baſſes montées à l'uniſſon, qu'on en touche une, l'autre, quoiqu'éloignée, retentit, & rend les mêmes ſons. Nos corps ſont des inſtrumens qui ſuivent, pour ſe monter, la variété des impreſſions qu'on leur donne. A la vue de ce malheureux Athlete qui bande tous les reſſorts de ſa machine pour ſe tirer d'un ſi cruel état, les reſſorts de la nôtre ſe montent en conſéquence de certaines loix établies pour notre conſervation, dont le Créateur s'eſt réſervé le ſecret : nos fibres dans le cerveau ſont ébranlées par l'impétuoſité des eſprits qui s'y portent, en ſorte que la préſence réelle de deux loups qui nous pourſuivroient, ſans rien changer aux mouvemens de notre machine, ne feroient que leur ajouter de nouveaux degrés de violence. Mais remarquez, je vous prie, que la vue de cet infortuné, qui n'eſt qu'en peinture, fait plus d'impreſſion ſur nous, que tous les ſignes de douleur que peuvent donner des moucherons, des vers, des papillons, des ſerpens, quoiqu'animés, ſelon vous, par une ame ſenſitive. D'où cela vient-il? du rapport ſans doute infiniment plus grand entre nos organes & ceux d'un homme, quoique peint, qu'il n'eſt entre nos corps & ceux de ces inſectes ou reptiles, que nous écraſons ſans pitié. Auſſi, qu'on choiſiſſe parmi les Bêtes celles dont l'organiſation correſpond plus parfaitement à la nôtre, alors notre ſenſibilité augmente à proportion de la fidélité de cette correſpondance. Otez le rapport, plus de pitié. Mais ſi nos ſentimens de compaſſion pour certains animaux qui paroiſſent ſouffrir, prouvoient qu'ils ont des ames, notre indifférence ou notre joie en en voyant périr tant d'autres, prouveroit donc qu'ils n'en ont pas. De là, quelle confuſion dans votre ſyſtême!

Mais, direz-vous, Dieu nous trompe

donc, si les mêmes signes de douleur, qui ne sont pas équivoques dans les Hommes, le sont dans les Bêtes. Ils le sont aussi dans les Hommes, Madame, continua le Marquis; tel Mendiant qui ne souffre point, si, par quelque secret, il se fait un teint pâle & livide, & qu'il jette des cris perçans, n'occasionne-t-il pas une certaine impression dans nos cœurs? C'est le Créateur qui la porte dans nous: cependant nous trompe-t-il, quand il nous affecte ainsi conséquemment à la fourberie des Hommes? Non, parce que les signes de douleur qu'il donne sont soumis à l'examen de notre raison. Et ne le sont-ils pas dans les Bêtes?

J'avouerai cependant qu'une des vûes du Créateur dans les sentimens de compassion qu'il produit en nous en faveur des Bêtes, est sans doute de nous intéresser pour la conservation de ces petites machines; & le moyen le plus simple pour cela, n'étoit-il pas de nous affecter bien ou mal, selon leurs situations, comme le plus sûr pour nous faire remédier aux accidens qui surviennent à nos corps, & de nous faire sentir de la douleur dans la partie affligée ? A-t-on une atteinte de goutte ? on juge aussi-tôt que la douleur est dans le pied ; jugement naturel, dit le P. Malebranche, mais soumis à la raison. Il ne devient faux que quand la raison le ratifie ; mais c'est à la réflexion de le rectifier. La douleur paroît dans le pied, mais elle n'en est pas une maniere d'être ; & comme on ne raisonneroit pas juste en le concluant du sentiment dont Dieu nous affecte, de même, conclure de la compassion occasionnée dans nous par les cris des animaux, que leurs souffrances sont réelles, c'est déférer aveuglément au témoignage des sens, mais non pas raisonner conséquemment.

Le Marquis alors s'étant arrêté, comme pour attendre quelque réplique, la Comtesse reprit assez vivement la parole : Oh ! cher oncle, dit-elle, je commence à m'aguerrir, puiſque l'Auteur de la Nature eſt auſſi l'Auteur des ſentimens que j'ai pour ma chienne.

L'intérêt que je prends à ce qui la regarde, eſt donc dans l'ordre : ainſi, machine ou non, je l'aimerai toujours; cependant, je l'avouerai, je vois avec peine qu'elle ne ſauroit m'aimer. Quel inconvénient trouvez-vous à lui donner au moins quelque foible ſentiment ? Vous avez répondu, j'en conviens, à nos difficultés contre vos machines; mais ne pourroit-on pas répondre aux vôtres contre un ſyſtême ſi naturel ?

Quand on y répondroit, Madame, lui repartit le Marquis, tout ce qu'on pourroit ſe permettre, ſeroit au plus de tenir la balance incertaine entre nos opinions, & d'en abandonner le choix au haſard; & la mienne en ce cas doit être regardée du même œil que les autres. Mais, à cette foule de raiſonnemens qui lui ſervent d'appui, elle joint l'avantage de fournir, contre l'opinion contraire, des difficultés insurmontables. Trois ou quatre suffiront.

La premiere, c'est à vous, Madame, que je la dois : elle est restée jusqu'ici sans réponse ; c'est celle que vous avez tirée de l'exemple de ces vers & polypes qui ont multiplié en autant d'animaux vivans & parfaits, qu'on en a fait de portions différentes. Les partisans des ames sensitives doivent être de fort-mauvaise humeur contre MM. de Beaumont & du Tremblay, à qui l'on doit ces découvertes. Passons à la seconde difficulté.

Je n'admets que ce que je conçois ; & je ne conçois que deux especes d'êtres : esprit, & corps. Ces deux idées s'excluent mutuellement. Celle du corps ne peut s'allier avec le sentiment & la réflexion, qui n'appartiennent qu'à l'esprit, ni celle de l'esprit avec l'étendue, qui n'appartient qu'au corps. Vouloir former un troisieme être qui participe des deux autres, qui ne soit que matiere & qui ait des sensations, distinct du corps & mortel, susceptible de connoissance & incapable de réflexion; c'est s'égarer dans des idées neuves, & bâtir des systêmes sur des chimeres. Raisonner, c'est profiter d'une vérité connue pour passer à la découverte d'une autre. Les partisans de l'ame sensitive font précisément le contraire. Ils partent d'un principe inconnu, & ne font, en en multipliant les conséquences, que multiplier leurs erreurs. En vain se retranchent-ils dans des possibilités fondées sur la Toute-puissance; des peut-être ne me feront jamais renoncer à ce grand principe, qu'on ne doit rien nier, ni rien affirmer sur une chose dont on n'a pas une idée claire & distincte. Esprit & corps sont les seules substances dont l'idée, dans moi, soit claire & distincte. L'ame sensitive n'est ni pur esprit, puisqu'elle est matérielle, ni vrai corps, puisqu'elle a des sentimens. Je ne puis donc que chanceler dans les raisonnemens que je hasarderois en l'admettant. Troisieme difficulté.

L'ame des Bêtes sent la douleur; elle est donc malheureuse. Malheureuse! elle est donc coupable. Comment concilier l'idée d'une Justice qui ne punit que le crime, avec les souffrances des animaux qui n'en ont pas commis? Et dans ce cas, l'empire que nous exerçons sur eux n'est-il pas une vraie tyrannie? Comment avons-nous la cruauté de les tourmenter, si nous sommes convaincus que nous les faisons souffrir? A cette difficulté tirée de la Morale, & qu'on peut porter bien loin, j'en dois ajouter une que fournit la Philosophie.

Les Partisans de l'ame sensitive ne lui donnent ni raisonnemens, ni réflexion, ni liberté. Les voilà donc aux prises avec tous les adversaires de mon systême.

Comment expliqueront-ils tant d'opérations d'animaux qui paroissent délibérer, réfléchir & raisonner? Ils seront forcés de recourir aux besoins de la machine, à la disposition des organes, à l'action du Créateur. Tout, diront-ils, est déterminé dans les Bêtes; les occasions d'agir, par leur situation; la faim, par les besoins; les moyens, par l'espece de mouvement auquel la machine est propre; & le mouvement, par l'action d'une intelligence infinie. Hé bien, une ame alors devient inutile : la retrancher, c'est donc ôter une superfluité. La Métaphysique me fournit une cinquieme difficulté.

Oh! pour la Métaphysique, cher Oncle, dit la Comtesse, je vous demande grace. Je crois sans peine que la science qui traite des esprits, n'est pas favorable à l'ame des Bêtes. C'en est donc fait, je me rends, & ne crois plus dans elles que des machines sans intelligence, que j'abandonne à leurs avëugles ressorts. Puisque *Badine* n'est désormais qu'une jolie machine aux yeux de sa maîtresse, je pense que M. de Villemont n'aura pas de peine....... Non, Madame, lui dit le Chevalier, vous avez prononcé l'arrêt; j'y souscris sans peine; ou plutôt, ne pourroit-on pas terminer cette conversation par où M. le Marquis a débuté, en disant que la question des Bêtes sera toujours un mystere pour l'Homme, comme l'Homme en sera toujours un pour lui-même?

Cette réflexion maligne étoit propre à faire évanouir tout le fruit des raisonnemens du Marquis: aussi celui-ci, prompt à la relever: M. le Chevalier, dit-il, ne mettons point du mystere où la raison n'en voit pas. Les principes que j'ai avancés me paroissent certains; si vous pensez autrement, attaquez-les: je suis prêt à les défendre; mais si vous les admettez, ce n'est point une conséquence vague & trompeuse qu'il s'agit d'en tirer; pour moi, voici ce que j'en conclus: Si l'on peut, sans l'entremise d'une ame, expliquer les opérations des Bêtes, & qu'on ne puisse leur en supposer une, sans s'engager dans des difficultés insurmontables, le parti le plus sage est sans doute de les croire sans ame. Premiere conclusion.

Si les Bêtes n'ont point d'ame, & qu'on soit forcé d'en reconnoître dans l'Homme, c'est donc en vain qu'on prétend, ou faire monter les Bêtes au niveau des Hommes, ou faire descendre les Hommes au rang des Bêtes : leurs natures sont différentes, leurs destinées doivent l'être. Seconde conséquence.

Donc on ne peut pas conclure de ce que tout périt dans les Bêtes avec le corps, que la même chose arrive dans les Hommes.

Donc les devoirs que nous impose la croyance de notre immortalité sont réels, indispensables, & non pas des devoirs imaginaires, comme on désireroit se le persuader.

Ces derniers mots, que Villemont ne crut ajouter que pour le piquer, lui furent très-sensibles. Monsieur, reprit-il froidement, je ne cherche pas à me cacher mes devoirs ; je n'en connois pas d'autres que ceux de l'honnête homme, & je crois les remplir. Vous ne donnez pas sans doute dans les foiblesses de ces dévots imbécilles, qui s'imaginent que le Très-Haut est jaloux des hommages de quelques vers de terre tels que nous. Dieu se suffit à lui-même. Notre culte lui doit être indifférent, & il seroit moins grand à mes yeux, s'il recevoit ou de la gloire de nos hommages, ou du chagrin de leur refus.

Cher Chevalier, lui répliqua le Marquis, de vains sophismes vous font illusion, & la plupart de ceux qui veulent s'exempter de tout devoir à l'égard de Dieu, en cherchent, comme vous, la dispense dans la haute idée qu'ils s'en forment ; idée fausse, & par conséquent vain prétexte, dont nous ferons, si vous le désirez, le sujet d'une autre conversation.

La fin de celle-ci, mon cher Mentor, doit être aussi celle d'une aussi longue Lettre, sur laquelle je vous prie de me dire votre sentiment. Mille excuses sur la longueur. Je n'ai pas le temps d'être plus court. J'ai l'honneur d'être, &c.

FIN.

APPROBATION.

J'AI lu, par ordre de Monseigneur le Garde des Sceaux, un manuscrit intitulé : *Ame des Bêtes*, & n'y ai rien trouvé qui doive en empêcher l'impression. A Paris, ce 10 Juillet 1782.

GUIDI.

Le Privilége se trouve aux *Entretiens Philosophiques sur la Religion.*

29 avril 1786.

www.ingramcontent.com/pod-product-compliance
Ingram Content Group UK Ltd.
Pitfield, Milton Keynes, MK11 3LW, UK
UKHW021103200726
13857UKWH00003B/1072